telc

AF645470

Einfach gut! International

Deutsch als Fremdsprache A1.2

Kurs- und Arbeitsbuch

Milena Angioni

Ines Hälbig

telc gGmbH
Bad Homburg

Einfach gut! International
Bearbeitung der internationalen Ausgabe Jessica Perl
Autorinnen Milena Angioni, Ines Hälbig
Mitarbeit Vicky Dreßler, Annette Frisch, Gabriele Hoff-Nabhani, Rotraud Koll, Andrea Neuhaus, Peter Neumann, Anastasia Proyss, Jacqueline Thommes
Phonetik Franca Malcharowitz, Anni Müller
Begutachtung Christian Gabriel-Junk, Hans Rohrer, Dorothee Thommes
Fotografie Jan Kocovski
Zeichnungen Lisa Frühbeis
Layout basierend auf dem Layout von Martina Weismann
Satz Graph & Glyphe /// Büro für Ausdrucksstärke
Layout der Tests Bernd Rohs
Tonaufnahmen Audimax Kreation in Bild und Ton GmbH
Marilyn Janssen und Gerd Nesgen / .ping Tonstudios (Köln)
ten7.ton.studio

Besonderer Dank gilt dem Bundesarbeitskreis Sprachen des Deutschen Volkshochschul-Verbands e.V. für seine wertvolle Unterstützung. Als ergänzende Online-Komponente empfehlen wir die vom Deutschen Volkshochschul-Verband entwickelte kostenlose Lernplattform www.a2.vhs-lernportal.de.

Darüber hinaus finden Sie weitere Informationen zum Lehrwerk unter:
www.telc.net/lehrmaterialien.

1. Auflage 2024

www.telc.net
Printed in Germany

telc Order-Nr.: V01-4012-BAB-2401A
ISBN: 978-3-910223-09-7

Liebe Leserin, lieber Leser,

wir freuen uns, Ihnen **Einfach gut! International** zu präsentieren, unser Grundstufenlehrwerk für den Einsatz in Deutschkursen weltweit. Es basiert auf dem bewährten Lehrwerk **Einfach gut!** und bereitet Lernende sprachlich auf ihr Leben in einem deutschsprachigen Land vor. Die Teilnehmenden lernen anhand vielfältiger Inhalte aus Alltag und Beruf, sich adäquat auf Deutsch zu verständigen und ihre Meinung zu äußern. Sie werden schrittweise an den Austausch über interkulturelle Erfahrungen herangeführt.

Einfach gut! International

- greift alle relevanten Themen zu Alltag und Beruf in zyklischer Progression auf.
- bereitet systematisch auf Aufgaben im Prüfungsformat vor.
- bietet viele Extras: Zwischentests zur Lernzielkontrolle, ein integriertes Kapitel zum Aussprachetraining und zusätzliche Übungen zum Lernwortschatz.
- orientiert sich konsequent am Gemeinsamen europäischen Referenzrahmen für Sprachen.
- enthält Übungstests zu den Sprachprüfungen auf den Niveaus A1, A2 und B1.

Einfach gut! International macht sowohl das Unterrichten als auch das Lernen so einfach wie möglich. Das Lehrwerk unterstützt Sie optimal bei der Vorbereitung Ihrer Kursteilnehmenden auf die Prüfungen zum Nachweis von Deutschkenntnissen für Aufenthalt, Einbürgerung oder Berufsanerkennung.

Der vorliegende Band ist der zweite von sechs Teilbänden unseres dreistufigen Lehrwerks. Zusammen mit A1.1 führt der Band A1.2 zu Niveau A1 und bereitet auf den Test *Start Deutsch 1/telc Deutsch A1* vor. Nach Abschluss dieses Bandes kann man sich bereits in einfachen alltäglichen und beruflichen Situationen verständigen.

Die **Audiodateien**, die **Lösungen**, die **Hörtexte** und weitere **kostenlose Downloads** finden Sie im Downloadbereich auf unserer Webseite. Die Audiodateien finden Sie außerdem in der App **telc Deutsch-Box**, die Sie in Ihrem App-Store kostenlos herunterladen können.

Erfahrene Kursleiterinnen und Kursleiter haben uns bei der Entwicklung aller Produkte rund um **Einfach gut! International** beraten. Wir freuen uns, Ihnen mit **Einfach gut! International** ein Lehrwerk vorlegen zu können, das passgenau im DaF-Unterricht eingesetzt werden kann.

Viel Erfolg und Spaß wünscht Ihnen Ihr

Geschäftsführer telc gGmbH

Inhalt

Lerntipps 6

7 In der Stadt unterwegs 7

Inhalt Lass uns den Bus nehmen! / Wo ist die Bank? / Wie komme ich zum Bahnhof?

Lernziele Nach dem besten Verkehrsmittel fragen | Abfahrtszeiten und Fahrpreise verstehen | Nach dem Weg fragen und Wegbeschreibungen verstehen

Grammatik Die Präpositionen mit Dativ *mit, an, zu, bei, in* | Lokale Präpositionen | Der Imperativ (*Sie*) | Die Verben *fahren, nehmen, gehen* im Präsens

8 Mein Beruf 15

Inhalt Was machen Sie beruflich? / Das muss ich noch machen. / Diese Stelle passt zu mir.

Lernziele Sagen, was man selbst beruflich macht | Über berufliche Kenntnisse, Fähigkeiten und Wünsche sprechen | Sich über Arbeitszeiten abstimmen

Grammatik Die Modalverben *können* und *müssen* im Präsens und ihre Stellung im Satz | Das trennbare Verb *anfangen* im Präsens

9 Beim Arzt 23

Inhalt Ich habe Schmerzen! / In der Sprechstunde / Ich muss mich krankmelden.

Lernziele Mitteilen, was wehtut, und über das eigene Befinden sprechen | Ärztliche Empfehlungen und Anweisungen verstehen | Einen Arzttermin vereinbaren | Sich krankmelden

Grammatik Possessivartikel im Nominativ | Die Modalverben *sollen* und *dürfen* | Der Imperativ (neu: *ihr* und *du*)

10 Gestern und heute 31

Inhalt Was hast du gestern gemacht? / Gestern bin ich ... / Wie war dein Urlaub?

Lernziele Sagen, was man am Vortag/in der letzten Woche/im letzten Monat/Jahr gemacht hat | Über die eigene Herkunft sprechen | Beschreiben, wie der Tag/das Wochenende/ein vergangenes Ereignis war

Grammatik Das Perfekt mit *haben* und *sein* | Das Partizip II | Die Verbstellung im Perfekt | Das Präteritum von *sein* und *haben*

11 Wir gehen shoppen! 39

Inhalt Ich brauche neue Kleidung. / Haben Sie das eine Nummer größer? / Welche Farbe steht mir besser?

Lernziele Eine Verkäuferin um Information und Hilfe bitten | Über Kleidungsgrößen und Farben sprechen | Vorlieben und Abneigungen äußern | Etwas reklamieren

Grammatik Unbestimmter Artikel im Dativ | Personalpronomen im Dativ | Der Komparativ und Superlativ von Adjektiven | *Welcher* und *dieser* im Nominativ und Akkusativ | Verben mit Akkusativ und Verben mit Dativ

12 Endlich Frühling! 47

Inhalt
Heute kann es regnen, stürmen oder schneien ...
Feste und Jahreszeiten
Wir feiern eine Party.

Lernziele
Über das Wetter und die Jahreszeiten sprechen | Datumsangaben machen und verstehen | Einladungen verfassen, annehmen und absagen

Grammatik
Das Modalverb *wollen* | Wortbildung: Komposita | Temporale Präpositionen mit Dativ | Die Ordinalzahlen

Arbeitsbuch mit Lernwortschatz 55

Aussprachetraining 56

Zu Lektion 7: In der Stadt unterwegs 61
Zu Lektion 8: Mein Beruf 69
Zu Lektion 9: Beim Arzt 77
Zu Lektion 10: Gestern und heute 85
Zu Lektion 11: Wir gehen shoppen! 93
Zu Lektion 12: Endlich Frühling! 101

Tests 109

Zwischentest zu den Lektionen 7–9 110
Zwischentest zu den Lektionen 10–12 112
Übungstest: *Start Deutsch 1/telc Deutsch A1* 114

Anhang 123

Grammatik 124
Redemittel 128
Bildquellen 134

Die wichtigsten Abkürzungen und Symbole

m. maskulin

f. feminin

n. neutral

Pl. Plural

Sg. Singular

-- keine Veränderung im Plural (z. B. Becher/--)

--- kein Artikel (z. B. ein Tisch/--- Tische)

 leichtere Übung

 anspruchsvollere Übung

✓ richtig

✗ falsch

1 Hörübung mit Trackangabe

1 Verweis auf eine Übung im Kursbuchteil

TIPP 1

Merken Sie sich bei neuen Nomen immer auch den Artikel: der Tisch

TIPP 2

Nutzen Sie die Audios zum Buch auch zu Hause. Das Aussprachetraining können Sie sich gut auch in der Freizeit anhören und üben.

TIPP 3

Nehmen Sie sich den Wortschatz einer Lektion vor und sortieren Sie ihn in eine Mindmap.

TIPP 4

Formulieren Sie Sätze mit den Wörtern aus Ihrer Mindmap:

In der Apotheke kaufe ich Tabletten.

TIPP 5

Notieren Sie sich neue Wörter auf Lernkarten.

Nutzen Sie die Rückseite für einen Beispielsatz.

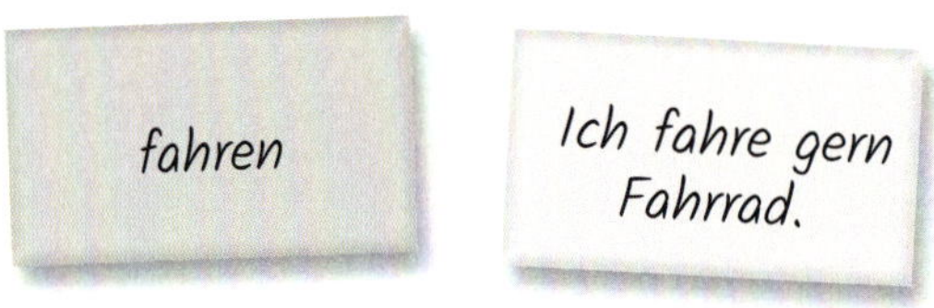

TIPP 6

Überlegen Sie sich weitere Möglichkeiten, wie Sie die Lernkarten nutzen könnten.

Z. B. könnten Sie auf der Vorderseite einen Satz im Präsens notieren und auf der Rückseite denselben Satz im Perfekt.

Welche anderen Ideen haben Sie für Ihre Lernkarten?

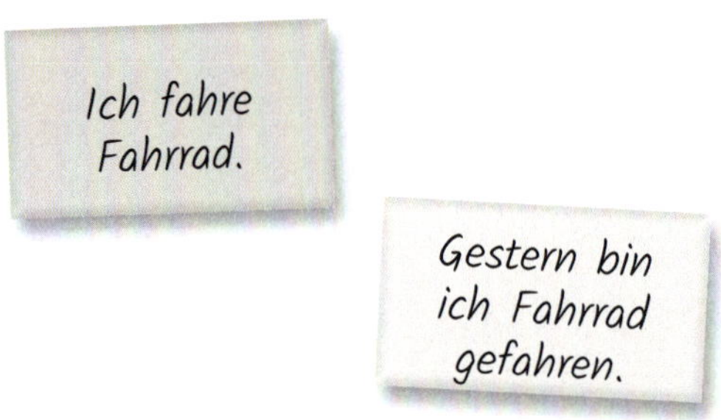

7

In der Stadt unterwegs

A	**B**	C	**K**	**I**	**R**	**C**	**H**	**E**
F	**A**	**H**	**R**	**K**	**A**	**R**	**T**	**E**
Z	**N**	I	X	**B**	**U**	**S**	E	M
E	**K**	N	U	K	T	Y	W	P
Z	**U**	**G**	V	**H**	**O**	**T**	**E**	**L**

1 Wer nimmt den Bus?

2 **a** Hören Sie drei Aussagen. Wer nimmt gerne welches Verkehrsmittel?

b Hören Sie dann noch einmal. Was ist gut bei welchem Verkehrsmittel?

Karim

1 ....

Das ist gut: ☐ ☐

Miguel

2 ....

☐ ☐

Ana

3 ....

☐ ☐

a Das ist praktisch.
b Es kostet nichts.
c Ich bin schnell.
d Ich fahre direkt ins Zentrum.
e Ich habe eine Haltestelle am Haus.
f Ich höre Musik.

2 Wir fahren mit ...

3 **a** Hören Sie den Dialog und ergänzen Sie die Artikel.

▶ Wie fahren wir in ..1.. Stadt?
▷ Wir fahren mit ..2.. Bus.
▶ Warum nehmen wir nicht ..3.. Straßenbahn?
▷ Mit ..4.. Straßenbahn brauchen wir zu lange und wir müssen zwei Mal umsteigen.
▶ Dann nehmen wir doch besser ..5.. Auto.
▷ Nein, mit ..7.. Auto brauchen wir ..6.. Parkplatz.
▶ Dann fahren wir mit ..8.. U-Bahn. Schau mal hier auf den Stadtplan. Die U-Bahn fährt bis zum Hauptbahnhof.
▷ Ja, richtig. Das ist eine gute Idee. Wir nehmen die Linie 2. Die braucht nur 15 Minuten.

fahren mit (+ Dativ)
nehmen (+ Akkusativ)
zu Fuß gehen

	fahren (a → ä)
ich	fahr<u>e</u>
du	fähr<u>st</u>
er/sie/es	fähr<u>t</u>
wir	fahr<u>en</u>
ihr	fahr<u>t</u>
sie/Sie	fahr<u>en</u>

b Wie ist es richtig?

Ich nehme .... Bus, ... U-Bahn, ... Auto.

Ich fahre mit .... Bus, mit .... U-Bahn, mit .... Auto.

Nominativ	**Akkusativ**	**Dativ**
der Bus	**den** Bus	**dem** Bus
die Straßenbahn	**die** Straßenbahn	**der** Straßenbahn
das Auto	**das** Auto	**dem** Auto
die Busse / Autos / Straßenbahnen	**die** Busse / Autos / Straßenbahnen	**den** Bussen / Autos / Straßenbahnen

c Ergänzen Sie. Hören Sie die Dialoge zur Kontrolle. 4

1 ▶ Ich fahre immer mit *der* Straßenbahn. Und du?
▷ .... Straßenbahn nehme ich nie.

2 ▶ Möchtest du morgen mit .... Auto fahren?
▷ Nein, ich fahre lieber mit .... Bus.

3 ▶ Ich fahre nicht gerne mit .... Fahrrad.
▷ Ich auch nicht. Ich benutze immer .... Auto.

4 ▶ Wir nehmen .... U-Bahn.
▷ Ja, wir nehmen .... Linie 12.

5 ▶ Nimmst du .... Bus um 8.30 Uhr?
▷ Nein, ich nehme .... Bus um 8.00 Uhr.

6 ▶ Ich fahre mit .... Taxi zum Bahnhof.
▷ Fährst du mit .... Zug um 10 Uhr?

3 Mit Bus und Bahn

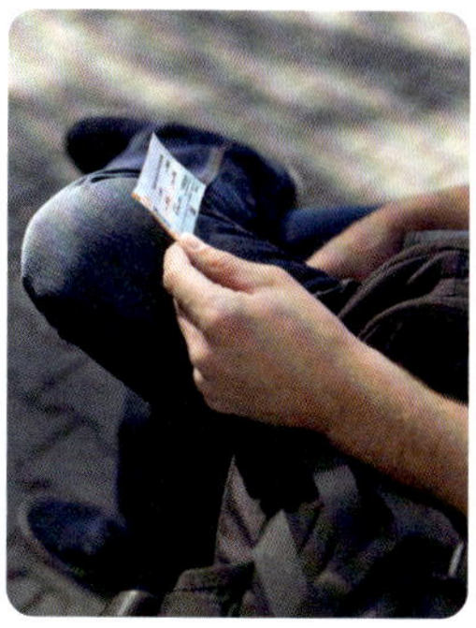

a Stefan möchte am Mittwoch mit dem Bus zum Hauptbahnhof fahren.
Lesen Sie die Informationen und antworten Sie.

1 Es ist zwanzig nach drei. Wann fährt der Bus? ....
2 Wann ist Stefan am Bahnhof? ....
3 Was kostet die Fahrkarte? ....

	Gültig für	**Erwachsene**	**Kinder bis 14 Jahre**
Einzelfahrkarte	eine Fahrt in der Stadt	2,80 €	1,70 €
Kurzstrecke	eine Fahrt (nur 3 Haltestellen)	1,60 €	1,00 €
Tageskarte	24 Stunden	6,80 €	4,00 €

Fahrplan Bus Nr. 23

Haltestellen: Goethestraße – Stadtpark – Rathausplatz – Hauptbahnhof Süd
Minuten: 2 – 4 – 5 – 7

Uhr	**Montag bis Freitag**	**Samstag**	**Sonn- und Feiertage**
14	00 15 30 45	00 30	30
15	00 15 30 45	00 30	30

b Am Hauptbahnhof. Stefan hört viele Durchsagen. Hören Sie die Ansagen und kreuzen Sie an. 5

		✓	✗
1	Die Regionalbahn RB 25 kommt heute nicht.	☐	☐
2	Der ICE fährt um 8.35 Uhr ab.	☐	☐
3	Herr Müller muss zum Informationsschalter gehen.	☐	☐
4	Die S 7 kommt heute später.	☐	☐
5	Der City-Express fährt heute von Gleis 5 ab.	☐	☐
6	Die S 4 fährt nur bis Troisdorf.	☐	☐

Wo fährt der Zug nach Köln? ....

c Ihre Partnerin/Ihr Partner versteht die Informationen auf dem Fahrplan in 3a nicht. Helfen Sie ihr/ihm.

4 Wo ist der Ball?

a Ordnen Sie zu.

am | auf | hinter | im | neben | über | unter | vor | zwischen

vor dem Buch

1 ______ dem Buch

2 ______ Buch

3 ______ dem Buch

4 ______ dem Buch

5 ______ dem Buch

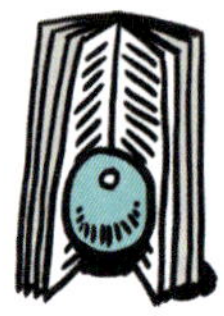
6 ______ Buch

7 ______ dem Buch

8 ______ den Büchern

b Wo sind die Personen und Objekte in Ihrem Klassenraum? Sprechen Sie.

Das Buch ist auf dem Tisch.

5 Orientierung in der Stadt

Was ist was? Ordnen Sie zu. Dann erklären Sie Ihrer Partnerin/Ihrem Partner, wo die Gebäude sind.

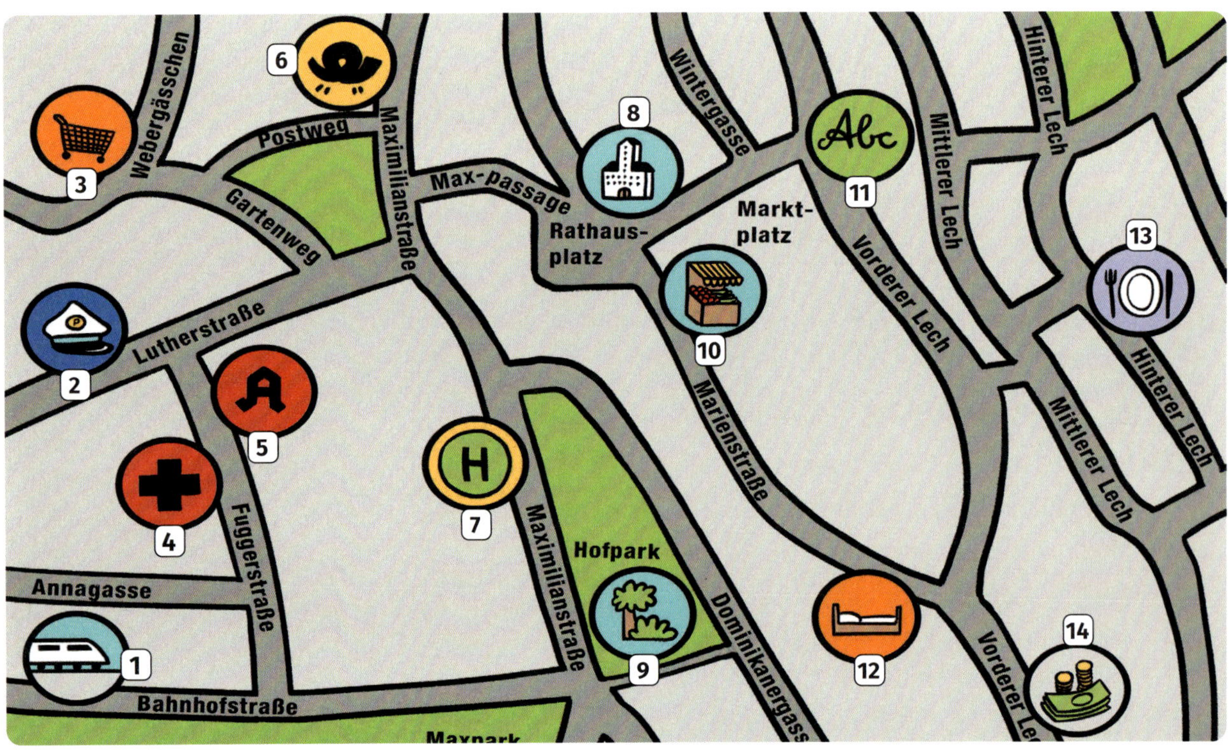

☐ der Supermarkt	☐ die Post	☐ das Restaurant	☐ die Polizei	☐ die Apotheke
☐ die Bushaltestelle	☐ die Schule	☐ die Bank	☐ die Kirche	☐ der Markt
1 der Bahnhof	☐ das Krankenhaus	☐ das Hotel	☐ der Park	

6 Die Apotheke ist neben dem Krankenhaus.

a Schauen Sie noch einmal auf den Stadtplan. Richtig oder falsch? Kreuzen Sie an.

		✓	✗
1	Die Schule ist am Marktplatz.	☐	☐
2	Die Apotheke ist im Krankenhaus.	☐	☐
3	Die Kirche ist auf dem Rathausplatz.	☐	☐
4	Die Bushaltestelle ist am Bahnhof.	☐	☐
5	Die Bank ist neben dem Restaurant.	☐	☐
6	Das Hotel ist in der Marienstraße.	☐	☐
7	Die Post ist zwischen dem Supermarkt und der Kirche.	☐	☐

Wo?
in + Dativ — in dem = im
an + Dativ — an dem = am
im/am Supermarkt
in der/an der Apotheke
im/am Krankenhaus

Wo?
neben + Dativ
neben dem Supermarkt
neben der Apotheke
neben dem Krankenhaus

b Wo ist was in Ihrer Stadt? Schreiben Sie.

7 Entschuldigung, wo finde ich ...?

Hören Sie und kreuzen Sie die richtige Lösung an. 6

1	Das Krankenhaus ist in der	☐ Goethestraße.	☐ Lessingstraße.	☐ Mozartstraße.
2	Das Schwimmbad ist	☐ am Marktplatz.	☐ im Stadtwald.	☐ am Park.
3	Das ist die	☐ Krankenkasse.	☐ Stadtbibliothek.	☐ VHS.
4	Die Linie 7 hält am	☐ Wiener Platz.	☐ Barbarossaplatz.	☐ Rudolfplatz.
5	Die Post ist neben	☐ dem Supermarkt.	☐ der Bank.	☐ der Bibliothek.
6	Das Jobcenter ist gegenüber der	☐ Post.	☐ Bank.	☐ Krankenkasse.

8 In der Bäckerei und beim Metzger

Wo sind die Personen? Schreiben Sie.

1 Albert

ist bei der Ärztin .

2 Pablo

________ .

3 Hannah und Luisa

________ .

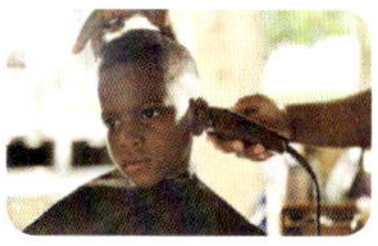

4 Steve

________ .

5 Sarah

________ .

Wo?
bei + Dativ — bei dem = beim
beim Arzt
bei der Ärztin

Wo? → Dativ
Person: bei → **beim** Arzt, **bei der** Ärztin
Land/Stadt: in → in Italien, in Köln
Ort/Gebäude: in → **im** Supermarkt

9 Ich fahre zum Arzt.

7 **a** Wohin möchten die Personen und womit fahren sie?

	Wohin?	Womit?
Ana	*zum Wochenmarkt*	*mit*
Karim		
Miguel		
Rabia		

Wohin? zu + Dativ zu dem = zum
zu der = zur

zum Arzt
zur Apotheke
zum Bürgerbüro

b Fragen Sie und antworten Sie.

Eleni, wie kommst du zum Deutschkurs?

Ich fahre immer mit dem Bus. Und du?

Wohin?
Person: zu → **zum** Arzt, **zur** Ärztin
Ort: zu → **zum** Supermarkt, **zur** Post
Land/Stadt: nach → nach Italien, nach Köln

Ich fahre	nie selten manchmal oft immer	mit dem Auto mit dem Bus mit der U-Bahn mit der Straßenbahn	zum Supermarkt zum Arzt zur Post ...

10 Nehmen Sie die erste Straße links.

8 **a** Hören Sie den Dialog und ergänzen Sie.

▶ Entschuldigung, wie komme ich zum Hauptbahnhof?

▷ Gehen Sie hier ___1___ die Ampel. Dann die Beethovenstraße immer ___2___ bis zur nächsten großen Kreuzung. An der Kreuzung gehen Sie ___3___ in die Mozartstraße. Da sehen Sie schon die St.-Anna-Kirche. ___4___ der Kirche nehmen Sie die zweite Straße ___5___. Das ist die Bahnhofstraße. Nach ungefähr 400 Metern sehen Sie den Bahnhof.

▶ Also, hier über die Ampel. Dann immer ___6___. An der Kreuzung ___7___ und ___8___ der Kirche die zweite Straße links.

▷ Genau!

▶ Gut. Dann vielen Dank!

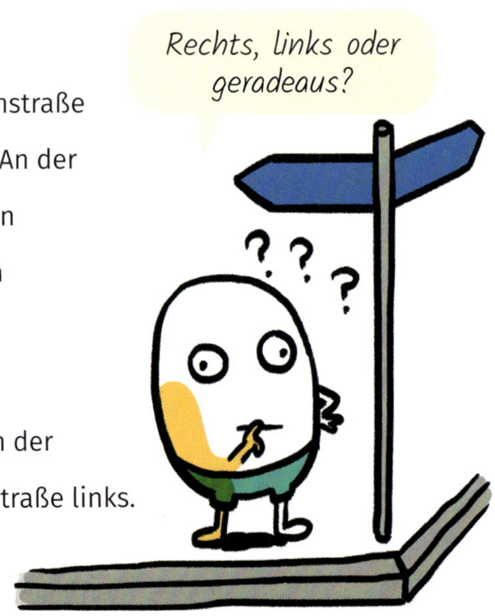

b Hören Sie den Dialog noch einmal und zeichnen Sie den Weg. 8

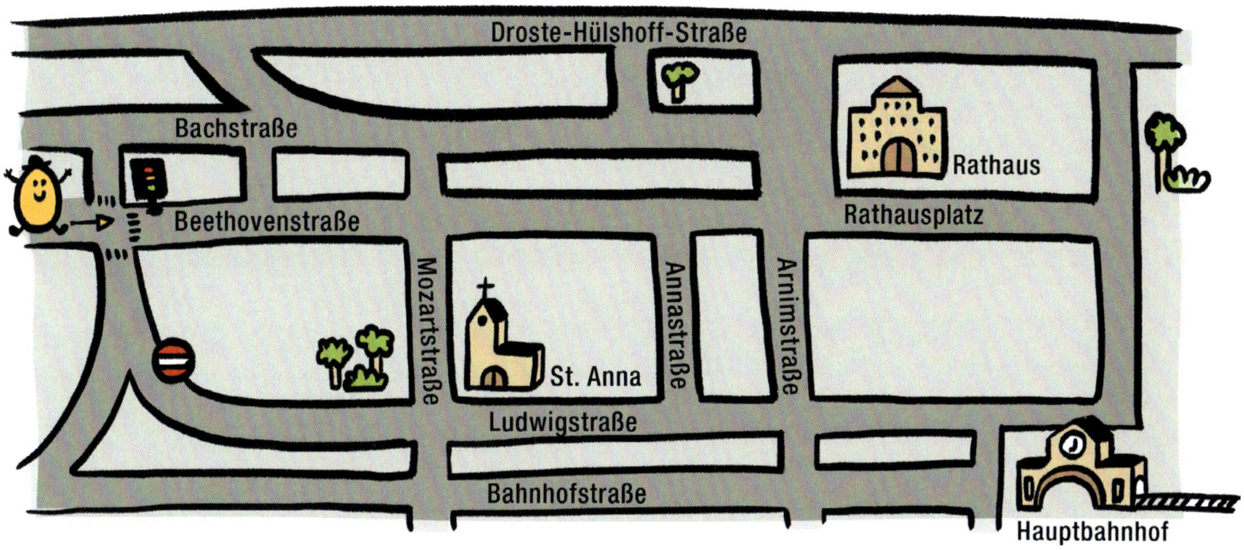

11 Auskunft geben

a Lesen Sie die Sätze und markieren Sie die Verben.

▶ Wie komme ich zum Bahnhof?
▷ Gehen Sie hier immer geradeaus.

▶ Wie komme ich zur VHS?
▷ Nehmen Sie die U-Bahn-Linie 3 und fahren Sie bis zum Marktplatz.

▶ Entschuldigung, wo finde ich eine Bushaltestelle?
▷ Gehen Sie zum Beethovenplatz.

Sie	
Sie gehen ↘	Sie fahren ↘
Gehen Sie ...	**Fahren Sie ...**

b Ergänzen Sie die Verben.

gehen | Fahren | Nehmen | nehme

Position	1	2	
Aussagesatz	Ich	....	die Straßenbahn.
	Sie	....	zum Kino.

Position	1	2	
Imperativ	....	Sie	mit der Linie 5.
	....	Sie	den Bus.

c Wie komme ich zum/zur ...? Fragen Sie und antworten Sie im Kurs.

Wo ist ...?
Wie komme ich ...?
Wie weit ist es bis ...?
Wo ist hier ...?

im Zentrum/in der ...straße
Nehmen Sie ...
Fahren Sie ...
Gehen Sie ... (bis)

Sprachbausteine

Verkehrsmittel benennen

der Bus, die U-Bahn, die S-Bahn, die Straßenbahn, der Zug, das Taxi, das Auto, das Fahrrad, das Motorrad

Nach dem Weg fragen/nachfragen

Wie komme ich ...
Entschuldigung, ich suche ...
Wo ist hier ...
Ist hier ein/eine ...
Wie weit ist es zum ...

Entschuldigung, wie bitte ...
Ich habe es nicht verstanden.
Bitte noch mal!

Den Weg beschreiben

Gehen Sie/Fahren Sie
- nach links/nach rechts/(immer) geradeaus
- weiter bis...
- über die Kreuzung

Nehmen Sie ...
- die erste/zweite/dritte Straße
- die nächste Straße
- links/rechts

Nach ungefähr ... Metern

Grammatik

Artikel im Nominativ + Dativ

Nominativ	Dativ
der	dem
die	der
das	dem
die	den

Präposition *mit* + Dativ

mit dem Bus	(m.)
mit der Straßenbahn	(f.)
mit dem Auto	(n.)
mit den Bussen	(Pl.)

Präposition *zu* + Dativ

zum Arzt	(m.)
zur Apotheke	(f.)
zum Bürgerbüro	(n.)
zu den Bussen	(Pl.)

Präposition *in* + Dativ

im Supermarkt	(m.)
in der Apotheke	(f.)
im Krankenhaus	(n.)
in den Apotheken	(Pl.)

Präposition *an* + Dativ

am Supermarkt	(m.)
an der Apotheke	(f.)
am Krankenhaus	(n.)
an den Apotheken	(Pl.)

Präposition *bei* + Dativ

beim Arzt	(m.)
bei der Ärztin	(f.)
bei den Ärzten	(Pl.)

Lokale Präpositionen

vor, neben, an, hinter, unter, in, auf, über, gegenüber, aus, zu, um, durch, zwischen

Imperativ (*Sie*)

Sie Gehen Sie ...
Fahren Sie ...
Nehmen Sie ...

Wie oft?

(fast) immer
oft
manchmal
selten
(fast) nie

Verben

	fahren (a → ä)	nehmen (e → i)	gehen
ich	fahre	nehme	gehe
du	fährst	nimmst	gehst
er/sie/es	fährt	nimmt	geht
wir	fahren	nehmen	gehen
ihr	fahrt	nehmt	geht
sie/Sie	fahren	nehmen	gehen

Mein Beruf

Meine Arbeit ist ...

Ich bin ... von Beruf.

1 Was macht ein/eine ...?

der	die
Kellner	Kellner<u>in</u>
Arzt	**Ä**rzt<u>in</u>
Kranken**pfleger**	Kranken**schwester**
Bürokauf**mann**	Bürokauf**frau**

a Arbeiten Sie zu zweit. Ihre Partnerin/Ihr Partner versteht die Sätze a bis g nicht. Erklären Sie diese mit Gesten. Ordnen Sie dann zu.

1	Bäcker/in	a	Ich pflege kranke Menschen.
2	Kellner/in	b	Ich repariere Autos.
3	Lehrer/in	c	Ich backe Brot und Brötchen.
4	Bürokaufmann/-kauffrau	d	Ich arbeite an der Kasse im Supermarkt.
5	Krankenpfleger/-schwester	e	Ich unterrichte und korrigiere Hausaufgaben.
6	Automechatroniker/in	f	Ich telefoniere viel und arbeite am Computer.
7	Kassierer/in	g	Ich serviere das Essen im Restaurant.

b Was machen die Leute?

1 Ein Bäcker/Eine Bäckerin backt Brot und Brötchen.

2 Ein Kellner/Eine Kellnerin ....

3 ....

Schüler/in: geht zur Schule
Student/in: studiert an der Universität

2 Was sind Sie von Beruf?

a Was sind die vier Personen von Beruf? Schreiben Sie die Berufe unter die Fotos.

STUDENTINHAUSFRAUKOCHTECHNIKER

9 **b** Hören Sie die Texte. Ordnen Sie zu.

A ....
Text Nr. ....

B ....
Text Nr. ....

C ....
Text Nr. ....

D ....
Text Nr. ....

9 **c** Hören Sie noch einmal. Ist das richtig oder falsch?

			✓	✗
Text 1	a	Der Mann arbeitet im Restaurant.	☐	☐
	b	Er hat manchmal Stress.	☐	☐
Text 2	a	Der Mann schreibt Computerprogramme.	☐	☐
	b	Er arbeitet von acht bis halb fünf.	☐	☐
Text 3	a	Die Frau hat drei Kinder.	☐	☐
	b	Sie putzt nicht gern Fenster.	☐	☐
Text 4	a	Die Frau studiert an der Universität.	☐	☐
	b	Sie lernt vormittags zu Hause.	☐	☐

3 Wer bin ich?

Ich muss sehr früh aufstehen. Mein Arbeitstag beginnt immer um 3.00 Uhr morgens, aber das ist okay. Ich mache meine Arbeit gern.

Ich arbeite von 9.00 bis 17.00 Uhr. Um 12.30 Uhr ist Mittagspause. Meine Kollegen und ich essen zusammen in der Kantine. Meine Arbeit ist interessant, aber wir haben auch oft Stress. Manchmal klingelt das Telefon von morgens bis abends.

1 *Bäcker/in* .... 3 ....

2 .... 4 ....

Ich mag Kinder und meine Arbeit ist nie langweilig. Mein Arbeitstag beginnt um 8.00 Uhr. Am Wochenende habe ich frei.

Ich ...

Ich arbeite gern mit Menschen zusammen. Mein Tag beginnt manchmal früh und manchmal spät. Ich habe oft Nachtdienst.

4 Vormittags? Lieber nachmittags.

> **gern – lieber**
> Ich arbeite gern vormittags. – Ich arbeite lieber nachmittags.
> Arbeitest du lieber vormittags oder nachmittags? – Lieber nachmittags.

a Sie hören vier Dialoge. Was ist richtig? Kreuzen Sie an. 10

1 Die Frau arbeitet lieber a ☐ im Büro. b ☐ zu Hause.
2 Der Mann arbeitet lieber a ☐ vormittags. b ☐ nachmittags.
3 Er möchte lieber a ☐ heute Deutsch lernen. b ☐ morgen Deutsch lernen.
4 Sie möchte lieber a ☐ Reis. b ☐ Nudeln.

b Hören Sie den Dialog. Wann möchte Paula arbeiten: vormittags oder lieber nachmittags? 11

Paula möchte lieber .... arbeiten.

c Arbeiten Sie zu zweit. Fragen Sie und antworten Sie.

Pizza/Nudeln essen?
Zeitung/Romane lesen?
allein/im Kurs lernen?
früh/spät aufstehen?

Trinken Sie lieber Kaffee oder Tee?

Ich trinke lieber Kaffee.

d Was hat Ihre Partnerin/Ihr Partner gesagt? Schreiben Sie ihre/seine Antworten auf.

5 Ich kann kochen.

Ich kann kochen.
Ich kann nicht singen.

	können (ö → a)
ich	**kann**
du	**kannst**
er/sie/es	**kann**
wir	können
ihr	könnt
sie/Sie	können

a Ordnen Sie zu.

1	Musiklehrer	a	Ich kann Auto fahren.
2	Techniker	b	Ich kann Autos reparieren.
3	Taxifahrerin	c	Ich kann Fußball spielen.
4	Automechatroniker	d	Ich kann singen und Gitarre spielen.
5	Bürokauffrau	e	Ich kann gut organisieren.
6	Fußballspielerin	f	Ich kann Computer installieren.

Ich **kann** Brot und Brötchen **backen**.

b Ergänzen Sie das Verb *können*.

1 Ist Hanna Lehrerin von Beruf? – Ja, sie ist Musiklehrerin und sie .... sehr gut singen.

2 Sag mal, Thomas, ... du kochen? – Nein, aber ich .... backen.

3 .... Sie Auto fahren, Herr Peters? – Natürlich. Ich bin Taxifahrer.

4 .... die Kinder schon lesen? – Ja, sie .... lesen und schreiben.

5 Mesut, ... du mein Auto reparieren? – Ja, kein Problem.

c Was können Sie? Fragen Sie und antworten Sie.

backen | singen | Auto fahren | Fußball spielen | rechnen | zeichnen

Kannst du (gut) kochen?

Ja, ich kann (ganz gut) kochen.

Können Sie (gut) zeichnen?

Nein, ich kann nicht (so gut) zeichnen.

6 Ich muss früh aufstehen.

Ich muss immer früh aufstehen.

a Wer sagt das? Kreuzen Sie an.

1 Ich muss meine Hausaufgaben machen.
a ☐ Lehrer b ☐ Schülerin c ☐ Rentner

2 Ich muss oft nachts arbeiten.
a ☐ Ärztin b ☐ Lehrer c ☐ Automechatronikerin

3 Ich muss oft E-Mails schreiben und telefonieren.
a ☐ Kellner b ☐ Köchin c ☐ Bürokauffrau

4 Ich muss jetzt das Mittagessen kochen.
a ☐ Schüler b ☐ Hausmann c ☐ Krankenpfleger

	müssen (ü → u)
ich	**muss**
du	**musst**
er/sie/es	**muss**
wir	müssen
ihr	müsst
sie/Sie	müssen

b Lesen Sie die Fragen und die Antworten. Was passt zusammen?

1 Müssen die Kinder heute in die Schule?
2 Muss Christian heute früh aufstehen?
3 Machst du jetzt eine Pause?
4 Musst du manchmal nachts arbeiten?

a Nein, ich muss jetzt das Essen kochen.
b Ja, ich habe oft Nachtdienst.
c Nein, sie haben heute frei.
d Ja, er muss immer früh aufstehen.

c Was müssen Sie oft machen? Schreiben Sie.

....

....

7 Ein Interview mit Laura Salewska

a Martin Tillmann ist Reporter. Er arbeitet bei Radio Neustadt. Er berichtet über Menschen in der Stadt. Heute macht er ein Interview mit Laura. Lesen Sie das Interview und ergänzen Sie die Fragen.

Haben Sie oft Stress? | Was sind Sie von Beruf? | Ist die Arbeit interessant? | Bis wann müssen Sie heute arbeiten? | Arbeiten Sie auch am Samstag?

Laura Salewska

Martin: 1
Laura: Ich arbeite als Kellnerin hier im Restaurant.

Martin: 2
Laura: Es geht so. Die Arbeit ist nie langweilig. Und ich arbeite gern mit Menschen zusammen und viele Gäste sind sehr nett.

Martin: 3
Laura: Manchmal. Von 12.00 bis 14.00 Uhr haben wir immer viel zu tun. Die Leute haben dann Mittagspause und wollen ganz schnell essen.

Martin: 4
Laura: Ja, ich arbeite sehr oft am Samstag und Sonntag. Es sind immer fünf Tage in der Woche.

> Wir haben viel zu tun. =
> Wir haben viel Arbeit.

Martin: 5
Laura: Bis 18.00 Uhr. Aber ich kann dann noch nicht nach Hause gehen. Ich muss zuerst in die Autowerkstatt. Mein Auto ist kaputt.
Martin: Oh je!
Laura: Naja, es ist nicht so schlimm. Es ist nur eine kleine Reparatur.
Martin: Na dann, schönen Abend und danke für das Interview.
Laura: Gern. Schönen Abend.

b Hören Sie und prüfen Sie. Haben Sie alles richtig? 12

c Wählen Sie einen Beruf. Arbeiten Sie zu zweit und machen Sie ein Interview.

8 Arbeit gesucht

Kfz = Auto (Kraftfahrzeug)

a Lesen Sie die Anzeigen und die Texte. Was passt? Ordnen Sie zu.

Anzeige 1

Supermarkt sucht Aushilfe (m/w/d)

Mo.–Fr. 8.00–12.00

Telefon: 4793328

Anzeige 2

Suche Kfz-Mechatroniker/in

Sie haben eine Ausbildung als Kfz-Mechatroniker/in und suchen eine Arbeit?

Rufen Sie an: 05423 7714439
Autowerkstatt Öztürk, Steinstraße 27

Anzeige 3

Fahrer/in gesucht

dreimal pro Woche von 17.00 bis 21.00 Uhr. Sie brauchen ein Auto und einen Führerschein.

Pizzeria *Roma*   Tel.: 656522

Anzeige 4

Suche Aushilfe (m/w/d)

6–8 Stunden pro Woche. Ab 14.00 Uhr.

Fotostudio Voss,
Am Markt 14, 77218 Hofheim
Telefon: 07614 335185

1 Julia, Anzeige ....

Ist das Auto kaputt? Kein Problem. Ich repariere alles. Ich bin Automechatronikerin und suche eine Arbeit. Ich arbeite schnell und bin immer pünktlich.

Julia, 22 Jahre

2 Toni, Anzeige ....

Ich habe einen Führerschein und fahre gern Auto. Ich bin flexibel. Ich kann vormittags, nachmittags oder abends arbeiten.

Toni, 48 Jahre

3 Karim, Anzeige ....

Ich möchte nachmittags arbeiten. Vormittags bin ich im Deutschkurs. Ich kann schon ganz gut Deutsch, aber nicht perfekt. Ich bin kreativ und fotografiere gerne.

Karim, 24 Jahre

4 Susanne, Anzeige ....

Ich bin im Moment Hausfrau, aber ich möchte vormittags arbeiten. Ich bin freundlich und arbeite gern mit Menschen zusammen. Am Wochenende möchte ich nicht arbeiten.

Susanne, 44 Jahre

b Wie sind die Leute? Lesen Sie die Texte noch einmal und ergänzen Sie.

kreativ | freundlich | flexibel | pünktlich

1 Julia ist ....

2 Toni ist ....

3 Karim ist ....

4 Susanne ist ....

9 Ich kann sofort anfangen.

anfangen = beginnen

	anfangen
ich	fange an
du	fängst an
er/sie/es	fängt an
wir	fangen an
ihr	fangt an
sie/Sie	fangen an

a Toni möchte als Pizzafahrer arbeiten. Er ruft die Pizzeria *Roma* an. Hören Sie den Dialog. Wer sagt das: Toni (T) oder Silvia (S)? 13

1 ☐ Ich suche eine Arbeit als Fahrer.
2 ☐ Wir suchen einen Fahrer für abends.
3 ☐ Wann können Sie anfangen?
4 ☐ Können Sie heute Nachmittag in die Pizzeria kommen?
5 ☐ Wie ist die Adresse?

b Hören Sie noch einmal. Was ist richtig? Kreuzen Sie an. 13

Ich **kann** am Freitag **anfangen**.

1 Wann kann Toni anfangen?
a ☐ Am Montag
b ☐ Am Dienstag
c ☐ Am Mittwoch

2 Was muss Toni machen?
a ☐ Ein Auto kaufen
b ☐ Ein Formular ausfüllen
c ☐ Noch einmal anrufen

3 Wie ist die Adresse?
a ☐ Hauptstraße 38
b ☐ Hauptstraße 89
c ☐ Hauptstraße 98

10 Meine Arbeit

Und Sie? Was sind Sie von Beruf? Oder: Was studieren Sie? Was für eine Ausbildung machen Sie? Was ist Ihr Traumberuf? Wie ist die Arbeit? Schreiben Sie einen Text und sprechen Sie.

Ich arbeite im Büro | im Restaurant | im Supermarkt | im Krankenhaus | im Hotel | zu Hause | in der Schule | in der Werkstatt ...

Ich muss früh aufstehen. | Ich muss acht Stunden arbeiten. | Ich arbeite von Montag bis Freitag.

Das Verb ***haben***:
Ich **habe** (oft) Stress.
Ich **habe** (manchmal) frei.
Ich **habe** (nie) Nachtdienst.

Wie ist die Arbeit?
interessant – langweilig

eine Ausbildung machen = einen Beruf lernen (zum Beispiel Koch/Köchin, Automechatroniker/in, Bürokaufmann/-frau)

Eine Ausbildung dauert in Deutschland oft drei Jahre.

Sprachbausteine

Was sind Sie von Beruf?

Ich bin … / Ich arbeite als …	Arzt/Ärztin, Automechatroniker/in, Bäcker/in, Bürokaufmann/-frau, Hausmann/-frau, Kellner/in, Koch/Köchin, Krankenpfleger/-schwester, Lehrer/in, Taxifahrer/in, Techniker/in
Ich arbeite **noch nicht**. Ich bin …	Schüler/in, Student/in

Ich arbeite (im Moment) nicht. / Ich habe keine Arbeit.
Ich arbeite **nicht mehr**. Ich bin Rentner/in.

Wo arbeiten Sie?

im Büro, im Krankenhaus, im Restaurant, im Supermarkt, in der Bäckerei, in der Schule, in der Werkstatt, zu Hause

gern – lieber

Möchtest du **gern** eine Banane? – Nein, **lieber** einen Apfel.
Arbeitest du **lieber** zu Hause oder im Büro? – **Lieber** im Büro.

haben

Ich **habe** frei.
Ihr **habt** Nachtdienst.
Er **hat** Stress.
Wir **haben** viel zu tun.
Du **hast** Feierabend.

Grammatik

Die Modalverben *können* und *müssen*

Hanna **kann** sehr gut **singen**.

Ich **muss** früh **aufstehen**.

Verben

	können (ö → a)	müssen (ü → u)	anfangen (a → ä)
ich	**kann**	**muss**	fange an
du	**kannst**	**musst**	f**ä**ngst an
er/sie/es	**kann**	**muss**	f**ä**ngt an
wir	können	müssen	fangen an
ihr	könnt	müsst	fangt an
sie/Sie	können	müssen	fangen an

Beim Arzt

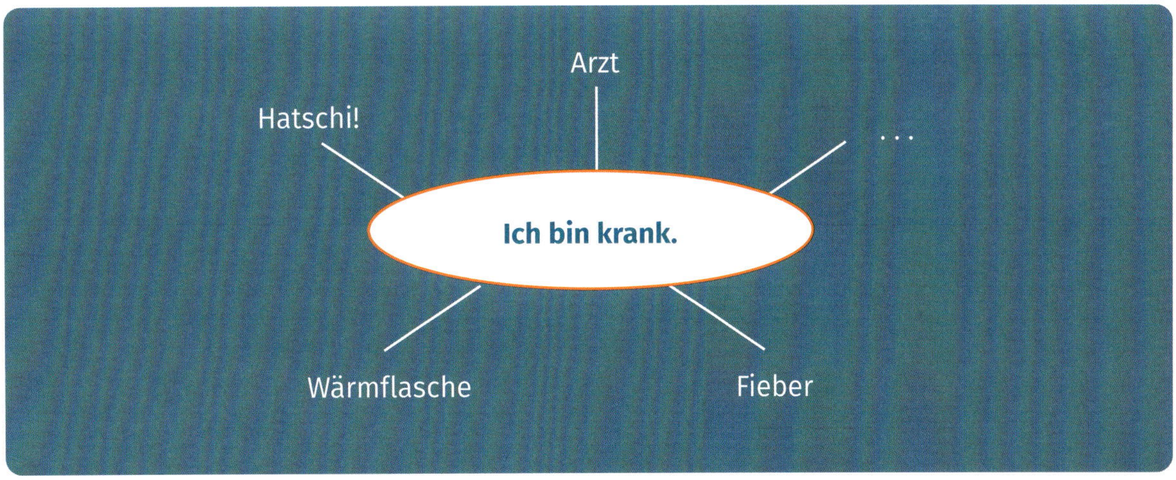

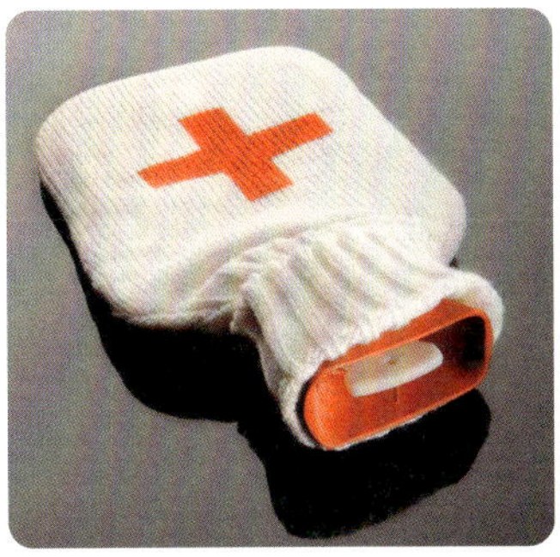

1 Unser Körper

Wie heißen die Körperteile? Schreiben Sie.

~~der Kopf~~ | der Bauch | das Bein | der Arm | die Hand | der Finger | der Fuß | das Auge | die Zähne | die Zehen | die Haare | die Schulter | die Nase | der Mund | das Ohr | das Knie | der Ellenbogen | die Stirn | der Hals | die Brust

1 *der Kopf*
2 ……
3 ……
4 ……
5 ……
6 ……
7 ……
8 ……

9 ……
10 ……
11 ……
12 ……
13 ……
14 ……
15 ……
16 ……
17 ……
18 ……
19 ……
20 ……

2 Mein Bauch tut weh!

a Was sagen die Personen? Schreiben Sie.

1 *Mein Bauch tut weh! Ich habe Bauchschmerzen!*

2 ……

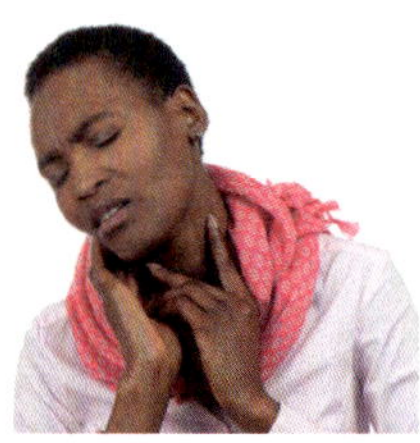

3 ……

4 ……

b Was tut noch weh? Ergänzen Sie.

Mein | ~~Meine~~ | Mein | Meine | Meine

Meine Ohren tun weh.
2 …… Arm schmerzt.
3 …… Beine schmerzen.
4 …… Hand tut weh.
5 …… Fuß tut weh.

weh | tun = schmerzen

ich	du	Sie	
mein	dein	Ihr	Kopf
meine	deine	Ihre	Hand
mein	dein	Ihr	Bein
meine	deine	Ihre	Beine

c Ergänzen Sie.

dein | du | Ihre | Mein | Sie

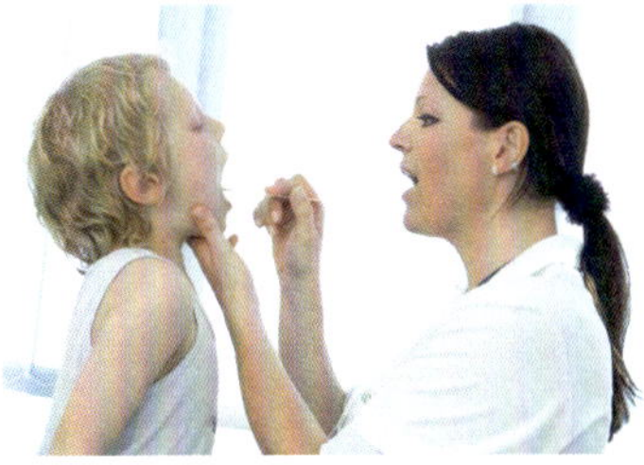

▶ Wo hast ……1…… Schmerzen?
▷ ……2…… Hals tut weh.
▶ Mund auf. Ah, ……3…… Hals ist ganz rot.

▶ Haben ……4…… Schmerzen?
▷ Ich habe Rückenschmerzen.
▶ Schmerzen auch ……5…… Beine?
▷ Nein.

3 Seine Schulter tut weh.

Was ist richtig? Kreuzen Sie an.

sie	er	
ihr	sein	Kopf
ihre	seine	Hand
ihr	sein	Bein
ihre	seine	Beine

1 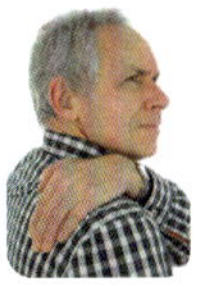

☒ Seine ☐ Ihre
☐ Sein ☐ Ihr
Schulter tut weh!

2 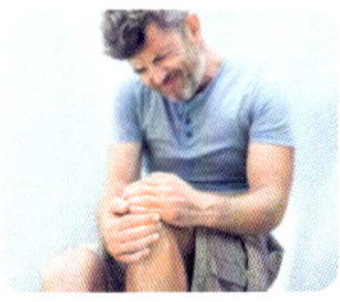

☐ Seine ☐ Ihre
☐ Sein ☐ Ihr
Knie schmerzt!

3 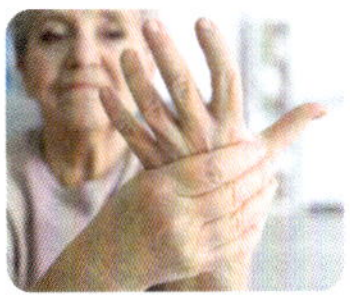

☐ Seine ☐ Ihre
☐ Sein ☐ Ihr
Hand tut weh!

4 Schmerzt das?

a Variieren Sie den Dialog. Zeigen Sie auf ein Körperteil, fragen und antworten Sie in der Gruppe.

A Tut das weh?
B Nein, meine Schulter schmerzt nicht.
C Sehr gut! Seine Schulter tut nicht weh. – Schmerzt das?
D Ja, mein Hals schmerzt.
E Oh je! Ihr Hals tut weh.

b Arbeiten Sie zu dritt. Person 1 hat Schmerzen und geht zum Arzt. Sie kann nicht so gut Deutsch. Person 2 hilft ihr beim Gespräch mit der Ärztin/dem Arzt. Person 1 darf auch in einer anderen Sprache mit Person 2 sprechen oder das Problem zeigen. Spielen Sie Dialoge und tauschen Sie dann die Rolle.

5 Die Sprechstunde

Was ist was? Ordnen Sie zu.

1 

2 

3 

4 

5 

6 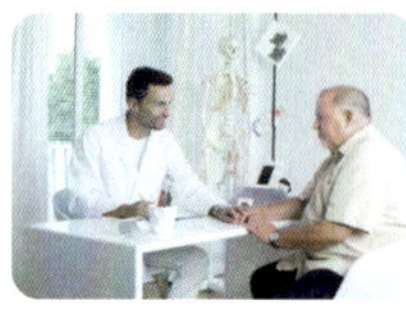

7 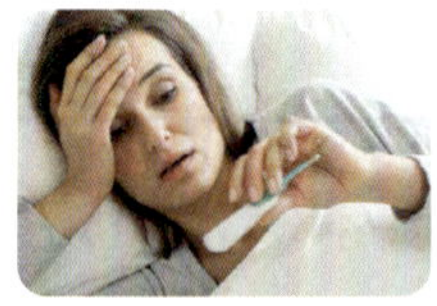

8 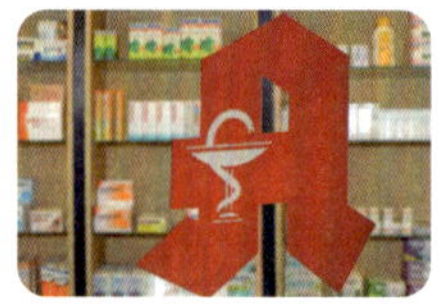

9 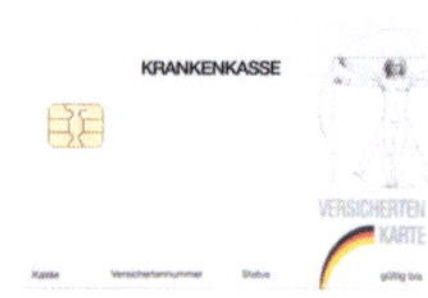

- ☐ die Apotheke
- ☐ der Hausarzt
- ☐ das Krankenhaus
- ☐ Fieber
- ☐ Husten
- ☐ das Rezept
- ☐ Schnupfen
- ☐ die Gesundheitskarte
- ☐ das Wartezimmer

6 Beim Arzt

14

a Hören Sie den Dialog und kreuzen Sie an.

		✓	✗
1	Frau Okoye ist im Krankenhaus.	☐	☐
2	Sie spricht mit dem Arzt.	☐	☐
3	Sie spricht mit der Sprechstundenhilfe.	☐	☐
4	Sie hat einen Termin um 10.00 Uhr.	☐	☐
5	Sie braucht die Gesundheitskarte.	☐	☐
6	Sie geht direkt ins Sprechzimmer.	☐	☐

b Lesen Sie den Dialog. Warum ist Joana beim Arzt?
Wohin geht sie danach? Wann soll sie wieder zum Arzt gehen?

▶ So, Frau Okoye. Atmen Sie ganz ruhig und regelmäßig. Haben Sie auch Husten?

▷ Ja, und mein Hals tut weh.

▶ Machen Sie mal bitte den Mund auf. Sie haben eine Erkältung.

▷ Was kann ich machen?

▶ Gehen Sie mit dem Rezept in die Apotheke und kaufen Sie die Medikamente. Nehmen Sie zweimal am Tag eine Tablette und dreimal am Tag 5 ml Hustensaft. Trinken Sie viel Tee mit Honig und zwei Liter Wasser am Tag. Trinken Sie keinen Kaffee. Schlafen Sie viel. Rauchen Sie nicht. Nehmen Sie ein heißes Bad. Essen Sie viel Obst. Und kommen Sie bitte nächste Woche wieder.

▷ Vielen Dank, Frau Doktor.

c Lesen Sie noch einmal und markieren Sie die Verben im Imperativ. – Gehen Sie mit dem Rezept ...

d Die nächsten Patienten sind Leon und sein Freund Schnuffi. Sie sind erkältet. Was sagt die Ärztin?

Geht mit dem Rezept ...

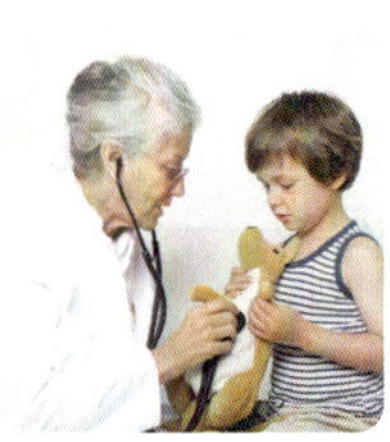

Sie	**ihr**
Sie trinken / Sie nehmen	~~ihr~~ trinkt / ~~ihr~~ nehmt
↘ ↘	
trinken Sie / nehmen Sie	**trinkt / nehmt**

e Geben Sie Gesundheitstipps.

Rückenschmerzen	Trink heiße Zitrone!	Grippe	Nimm Tabletten!
Erkältung	Mach viel Sport!	Fieber	Bleib im Bett!

du
~~du~~ trink~~st~~/~~du~~ nimm~~st~~
trink/nimm

f Arbeiten Sie zu zweit. Wählen Sie einen Gesundheitstipp aus 6e und gestalten Sie dazu ein Plakat. Verwenden Sie eine andere Imperativform.

Macht viel Sport!

7 In der Apotheke

a Ordnen Sie zu. Suchen Sie die Artikel zu den Wörtern.

Salbe | ~~Verband~~ | Tropfen | Hustensaft | Pflaster | Tabletten

1 ....

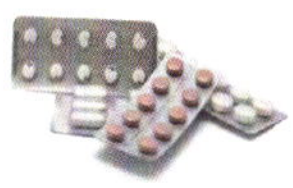
2 ....

3 *der Verband*

4 ....

5 ....

6 ....

b Hören Sie. Unterstreichen Sie das Richtige. 15

Der Patient soll
... einmal/zweimal am Tag eine Tablette nehmen.
... die Salbe abends/mittags auf das Knie streichen.
... den Verband einmal/zweimal am Tag wechseln.
... 5 ml Hustensaft zweimal/dreimal am Tag nehmen.
... das Pflaster dreimal/viermal am Tag wechseln.
... 25 Tropfen zweimal am Tag vor/nach dem Essen nehmen.

	sollen
ich	**soll**
du	sollst
er/sie/es	**soll**
wir	sollen
ihr	sollt
sie/Sie	sollen

8 Ich soll, ich darf nicht ...

a Joana erzählt ihrem Vater, was sie tun soll. Füllen Sie die Lücken.

Ich ....1.... (sollen) in die Apotheke gehen und ich ....2.... (sollen) die Medikamente kaufen. Ich ....3.... (sollen) zweimal am Tag eine Tablette nehmen und ich ....4.... (sollen) dreimal am Tag 5 ml Hustensaft trinken. Ich ....5.... (sollen) auch viel Tee mit Honig und zwei Liter Wasser am Tag trinken. Ich ....6.... (dürfen) keinen Kaffee trinken. Ich ....7.... (sollen) viel schlafen. Ich ....8.... (dürfen) nicht rauchen. Ich ....9.... (sollen) nächste Woche wiederkommen.

	dürfen (ü → a)
ich	**darf**
du	**darfst**
er/sie/es	**darf**
wir	dürfen
ihr	dürft
sie/Sie	dürfen

b Was sollen oder dürfen Sie?

Eleni, du darfst nicht so viel rauchen.

Alicija und Paula, ihr dürft zu Hause bleiben.

Karim, du sollst viel Obst essen.

sollen

Der Patient **soll** zweimal am Tag eine Tablette **nehmen**.

dürfen

Ich **darf** keinen Kaffee **trinken**.

9 Verschiedene Ärzte

1 **HNO-Arzt** 2 **Zahnarzt** 3 **Frauenarzt** 4 **Hausarzt** 5 **Orthopäde** 6 **Kinderarzt**

Wer braucht welchen Arzt? Ordnen Sie zu.

a ☐ Karim hat starke Rückenschmerzen.
b ☐ Herr Okoye hat eine Erkältung.
c ☐ Rasmus hat Ohrenschmerzen.
d ☐ Laura hat Zahnschmerzen.
e ☐ Der Sohn von Frau Heidkamp ist krank.
f ☐ Agnieszka ist schwanger.

10 Termine, Termine

16 **a** Ordnen Sie den Dialog. Hören Sie dann zur Kontrolle.

☐ ▶ Zur Untersuchung.
☐ ▷ Nächste Woche Dienstag um 15.00 Uhr?
☐ ▶ Guten Tag. Böhmer mein Name. Ich brauche einen Termin.
☐ ▷ Kommen Sie dann morgen um 11.00 Uhr in die Notfallsprechstunde.
☐ ▷ Möchten Sie vormittags oder nachmittags?
1 ▷ Praxis Dr. Salentin, Wegner, guten Tag.
☐ ▶ Geht das nicht früher? Ich habe Schmerzen.
☐ ▶ Lieber nachmittags.
☐ ▷ Zur Vorsorge oder zur Untersuchung?

17 **b** Hören Sie den Dialog und kreuzen Sie die richtige Antwort an.

		a	b	c
1	Frau Schmidt hat einen Termin um	☐ 15.00 Uhr.	☐ 13.00 Uhr.	☐ 10.00 Uhr.
2	Ihr Sohn hat	☐ Schnupfen.	☐ Fieber.	☐ Ohrenschmerzen.
3	Sie bekommt einen Termin am	☐ Freitag.	☐ Montag.	☐ Donnerstag.
4	Der Termin ist um	☐ 9.00 Uhr.	☐ 10.00 Uhr.	☐ 11.00 Uhr.

11 Krankmeldung

18 Ordnen Sie den Dialog. Zur Kontrolle hören Sie dann den Dialog.

☐ ▶ Ich schreibe Frau Schreiber auch.
☐ ▷ Guten Tag, Frau Okoye.
☐ ▶ Vielen Dank!
☐ ▷ Gut, Frau Okoye. Ich sage Frau Schreiber Bescheid.
☐ ▶ Guten Tag, mein Name ist Okoye, Joana Okoye. Ich mache zurzeit ein Praktikum bei Ihnen. Frau Schreiber ist meine Praktikumsbetreuerin.
☐ ▷ Das ist gut. Dann gute Besserung!
☐ ▶ Ich kann leider für eine Woche nicht zum Praktikum kommen. Ich bin krank. Ich habe Fieber. Der Arzt sagt, ich soll im Bett bleiben.
1 ▷ Altenpflegeheim *Haus Aja*, guten Tag. Sie sprechen mit Daniela Peters.

können

Joana **kann** leider für eine Woche nicht zum Praktikum **kommen**.

	können (ö → a)
ich	**kann**
du	**kannst**
er/sie/es	**kann**
wir	können
ihr	könnt
sie/Sie	können

In Deutschland schickt die Arztpraxis die Krankmeldung elektronisch an die Krankenkasse. Man muss aber immer selbst bei der Arbeit Bescheid sagen. Der Arbeitgeber kann die Krankmeldung dann von der Krankenkasse bekommen.

12 Entschuldigungsschreiben

a Joana informiert ihre Praktikumsbetreuerin Frau Schreiber per E-Mail. Ordnen Sie zu.

Elektronische Unterschrift | Gruß | Absender | Empfänger | Betreff | Anrede

von	joana@okoyenet.de	 1
an	schreiber@haus-aja.de	 2
Betreff	Krankmeldung	 3

Sehr geehrte Frau Schreiber, ... 4

ich kann leider für eine Woche nicht zum Praktikum kommen.
Ich bin krank und habe eine Erkältung mit Fieber.
Der Arzt sagt, ich soll zu Hause bleiben.
Meine Krankmeldung erhalten Sie von der Krankenkasse.

Mit freundlichen Grüßen 5

Joana Okoye 6

b Schreiben Sie eine Krankmeldung an Ihre Kursleiterin/Ihren Kursleiter.

....

Sprachbausteine

Körperteile benennen

der Kopf, der Bauch, der Nacken, der Rücken, die Nase, der Mund, das Gesicht, der Hals, die Brust

Körperteile im Plural

der Zahn – die Zähne, der Zeh – die Zehen, das Haar – die Haare, das Ohr – die Ohren, das Bein – die Beine, der Arm – die Arme, der Finger – die Finger, der Fuß, – die Füße, das Auge – die Augen, die Hand – die Hände, die Schulter – die Schultern, das Knie – die Knie, der Ellenbogen – die Ellenbogen

Sagen, was einem wehtut

Mein Kopf tut weh/schmerzt!
Ich habe Kopfschmerzen!

Mein Bauch tut weh/schmerzt!
Ich habe Bauchschmerzen!

Krankheiten

eine Erkältung haben
eine Grippe haben

Rezeptanweisungen

eine Tablette einmal/zweimal/dreimal am Tag nehmen
5 ml Hustensaft/25 Tropfen nehmen
die Tablette vor/nach dem Essen nehmen
den Verband/das Pflaster wechseln

Grammatik

Possessivartikel

ich	du	er	sie	wir	ihr
mein Kopf	**dein** Kopf	**sein** Kopf	**ihr** Kopf	**unser** Arzt	**euer** Arzt
meine Hand	**deine** Hand	**seine** Hand	**ihre** Hand	**unsere** Apotheke	**eure** Apotheke
mein Bein	**dein** Bein	**sein** Bein	**ihr** Bein	**unser** Rezept	**euer** Rezept
meine Beine	**deine** Beine	**seine** Beine	**ihre** Beine	**unsere** Ärzte	**eure** Ärzte

Possessivartikel

sie (Pl.)	Sie
ihr Arzt	**Ihr** Kopf
ihre Apotheke	**Ihre** Hand
ihr Rezept	**Ihr** Bein
ihre Ärzte	**Ihre** Beine

Der Imperativ (*Sie*, *du* und *ihr*)

Sie	du	ihr
Trinken Sie ...	Trink ...	Trinkt ...
Nehmen Sie ...	Nimm ...	Nehmt ...
Wechseln Sie ...	Wechsel ...	Wechselt ...

Verben

	sollen	dürfen (ü → a)
ich	**soll**	**darf**
du	soll<u>st</u>	**darfst**
er/sie/es	**soll**	**darf**
wir	soll<u>en</u>	dürf<u>en</u>
ihr	soll<u>t</u>	dürf<u>t</u>
sie/Sie	soll<u>en</u>	dürf<u>en</u>

Die Modalverben *sollen* und *dürfen*

sollen

Der Patient **soll** zweimal am Tag eine Tablette **nehmen**.

dürfen

Ich **darf** keinen Kaffee **trinken**.

Gestern und heute

Im Sommer war ich in …

Ich bin in … geboren.

Gestern bei der Arbeit hatte ich …

1 Endlich Urlaub!

Ella und Martin Krüger sind zu Hause. Ella ruft ihre Schwester Marie an.

19 **a** Hören Sie und lesen Sie. Wohin fahren die Krügers?

Ella: Hallo Marie. Wie geht es dir?
Marie: Ganz gut. Ich bin nur ein bisschen müde. Ich habe viel gearbeitet.
Ella: Hast du Nachtdienst gehabt?
Marie: Ja, letzte Woche und diese Woche auch. Ein Kollege ist krank, da haben wir viel zu tun. Aber sag mal, wie geht es dir? Hast du jetzt frei?
Ella: Ja, Martin und ich haben endlich Urlaub. Wir haben heute bis zehn geschlafen. Dann hat Martin Kaffee gekocht und wir haben gemütlich gefrühstückt.
Marie: Wunderbar! Und wann fahrt ihr nach Norderney?
Ella: Morgen früh. Wir haben schon den Koffer gepackt.
Marie: Oh! Kein Urlaubsstress?
Ella: Na ja, ein bisschen. Ich habe gestern noch die Fahrräder repariert, und Martin hat die Wohnung geputzt und einen Kuchen gebacken. Aber jetzt ist alles fertig.
Marie: Das ist schön. Du, es tut mir leid, aber ich muss jetzt zur Arbeit gehen. Können wir morgen telefonieren?
Ella: Natürlich. Ich rufe morgen Nachmittag an.
Marie: Bis dann. Gute Reise.

Norderney ist eine Insel in der Nordsee.

b Was haben Ella und Martin gemacht? Lesen Sie den Text noch einmal. Ergänzen Sie die Tabelle.

	Ella	**Martin**
gestern		
heute Morgen		*Kaffee gekocht*
jetzt	*telefoniert*	

Das Perfekt mit *haben*

	haben	**+ Partizip II**
ich	**habe**	
du	**hast**	gekauft
er/sie/es	**hat**	gebacken
wir	**haben**	fotografiert
ihr	**habt**	
sie/Sie	**haben**	

Das Partizip II

ge + t/et
kaufen – gekauft
heiraten – geheiratet

ge + en
backen – gebacken

t (Verben auf -ieren)
reparieren – repariert

c Machen Sie eine Tabelle und ordnen Sie die Verben im Partizip II aus dem Text zu. Schreiben Sie auch die Infinitive auf.

1 ge + t/et	2 ge + en	3 t
gearbeitet (arbeiten) ...	...	...

d Arbeiten Sie zu zweit. Erklären Sie Ihrer Partnerin/Ihrem Partner die Tabelle.

2 Was haben die Leute gemacht?

a Bilden Sie Sätze im Perfekt.

1 Wir spielen Fußball. → Wir haben Fußball gespielt.

Ella **hat** den Koffer **gepackt**.

2 Maria macht die Hausaufgaben.
3 Karim kauft einen Computer.
4 Du putzt die Fenster.
5 Ich koche Nudeln.
6 Ihr repariert das Auto.
7 Die Kinder schlafen lange.

b Ergänzen Sie *gestern* in den Sätzen der Aufgabe a.

1 Wir haben Fußball gespielt. → Wir haben gestern Fußball gespielt.

Ella **hat** gestern den Koffer **gepackt**.

c Schreiben Sie Sätze.

1 am Freitag / Ich / Tennis gespielt / habe → Ich habe am Freitag Tennis gespielt.

2 ein Auto gekauft / Wir / letzten Monat / haben
3 Du / am Wochenende / hast / nicht gearbeitet
4 hat / Dieter / geheiratet / am Freitag
5 vorgestern / Wir / Pizza gemacht / haben
6 Martin / keinen Kuchen / gebacken / hat / gestern
7 Blumen / letzte Woche / gekauft / hat / Ella

gestern, vorgestern
am Wochenende, am Freitag
letzt**e** Woche, letzt**en** Monat, letzt**es** Jahr

3 Hast du das Fußballspiel gesehen?

a Was haben die Leute gemacht? Hören Sie und kreuzen Sie an. 20

1 Was hat Sandro gekauft?
a ☐ Bier
b ☐ Kaffee
c ☐ Milch

2 Was hat der Mann am Sonntag gemacht?
a ☐ Fußball gespielt
b ☐ einen Film gesehen
c ☐ Musik gehört

3 Was hat Rabia am Samstag gemacht?
a ☐ das Fußballspiel gesehen
b ☐ Deutsch gelernt
c ☐ eine Suppe gekocht

TIPP
Einige Verben sind unregelmäßig (z. B. schr**ei**ben – geschr**ie**ben). Lernen Sie die Verben immer mit Infinitiv und Partizip II.

b Hören Sie noch einmal. Wie heißt das Partizip II von *hören*, *lernen*, *essen*, *sehen*, *lesen*, *schreiben*? Schreiben Sie die Formen in Ihre Tabelle von Übung 1c. 20

c Variieren Sie den Dialog. Sprechen Sie mit Ihrer Partnerin/Ihrem Partner.

▶ Was hast du am Wochenende gemacht, Karim?
▷ Ich habe Deutsch gelernt. Und du, Stefan?
▶ Ich habe ….

ein Fußballspiel gesehen | Sport gemacht | einen Film gesehen | meine E-Mails gelesen | viel telefoniert | E-Mails geschrieben | Musik gehört | Zeitung gelesen | Kuchen gegessen | Deutsch gelernt | lange geschlafen | Pizza gegessen

4 Eine Postkarte von Norderney

a Ella und Martin sind nach Norderney gefahren. Lesen Sie die Postkarte. Markieren Sie das Partizip II von *gehen*, *fahren* und *kommen*.

Das Perfekt bilden wir meistens mit **haben** (Sie haben gefrühstückt.).

Bei Bewegungen benutzt man **sein** (Ich bin gefahren.).

Liebe Marie,

viele Grüße von der Insel Norderney. Es ist sehr schön hier. Unser Ferienhaus ist direkt am Strand. Wir sind gestern spazieren gegangen und Fahrrad gefahren. Dann ist Viktor gekommen, ein Freund von Martin. Er wohnt hier und kennt die Insel sehr gut. Morgen machen wir zusammen eine Inselrundfahrt.

Bis bald
Ella & Martin

Marie Reimann
Luisenstr. 26
48143 MÜNSTER

die Insel
der Strand
der Strandkorb
das Meer

b Lesen Sie die Postkarte noch einmal.

1 Was haben Ella und Martin gestern gemacht?

....

....

2 Wer ist gestern gekommen?

....

Das Perfekt mit *sein*

	sein	+ Partizip II
ich	**bin**	
du	**bist**	gefahren
er/sie/es	**ist**	gegangen
wir	**sind**	gekommen
ihr	**seid**	
sie/Sie	**sind**	

5 Wir sind spazieren gegangen.

Wir **sind** spazieren **gegangen**.

a Schreiben Sie die Sätze im Perfekt.

1 Wir gehen spazieren. → Wir sind spazieren gegangen.

2 Ihr fahrt nach Norderney.
3 Er geht zum Strand.
4 Ich gehe zum Deutschkurs.
5 Meine Freunde kommen.
6 Wir kommen früh nach Hause.
7 Du fährst mit dem Auto.

b Bilden Sie Ja-/Nein-Fragen und antworten Sie.

1 gefahren / Bist / du / gestern / Fahrrad / ? → Bist du gestern Fahrrad gefahren?

2 vorgestern / du / mit der U-Bahn / Bist / gefahren / ?
3 Bist / gegangen / du / zum Arzt / letzte Woche / ?
4 gekommen / spät nach Hause / Bist / am Freitag / du / ?
5 spazieren / du / gegangen / Bist / am Wochenende / ?
6 gestern / Bist / früh / du / gegangen / ins Bett / ?

Bist du am Mittwoch Fahrrad **gefahren**?

6 Wo bist du aufgewachsen?

Viktor mit Hund Oskar

a Viktor möchte Ella und Martin die Insel zeigen, aber Martin ist noch nicht da. Ella spricht mit Viktor. Hören Sie den Dialog. 21

1 Wo ist Viktor geboren? In a ☐ Kiew b ☐ Moskau.
2 Wo ist er aufgewachsen? In a ☐ Stuttgart b ☐ Hamburg.
3 Wo hat Viktor gearbeitet? In a ☐ Berlin b ☐ Prag.

b Variieren Sie den Dialog. Erzählen Sie über sich.

Auch bei Zustandsveränderungen bildet man das Perfekt mit **sein**.
„Er ist in ... aufgewachsen."

- ▶ Hast du schon immer hier gelebt?
- ▷ Nein, früher habe ich in Madrid und Bilbao gelebt.
- ▶ Wo bist du geboren?
- ▷ Ich bin in Bilbao geboren.
- ▶ Und wo bist du zur Schule gegangen?
- ▷ In Madrid.

c Arbeiten Sie mit einer neuen Partnerin/einem neuen Partner und erzählen Sie ihr/ihm von ihrer Partnerin/ihrem Partner aus b.

Er hat früher in Madrid und Bilbao gelebt. Er ist in Bilbao geboren. ...

7 *Haben* oder *sein*?

a Ella und Viktor warten immer noch auf Martin. Lesen Sie den Dialog. Was ist richtig: *haben* oder *sein*? Streichen Sie das falsche Wort durch.

Ella: Sag mal, Viktor, wie lange kennst du Martin schon?

Viktor: Viele Jahre. Wir (haben/sind) zusammen in Hamburg studiert. Nach dem Studium (hat/ist) Martin nach Düsseldorf gegangen und ich nach Berlin.

Ella: Und wann (hast/bist) du nach Norderney gekommen?

Viktor: Letztes Jahr. Früher (habe/bin) ich hier oft Urlaub gemacht. Ich (habe/bin) jedes Jahr nach Norderney gefahren und (habe/bin) die Natur fotografiert: den Strand, das Meer und die Tiere. Fotografieren ist mein Hobby, und jetzt ist es auch mein Beruf.

Ella: Du arbeitest hier als Fotograf?

Viktor: Ja, ich mache Fotos für Postkarten. Ich verdiene nicht viel, aber die Arbeit ist sehr schön. Gestern (habe/bin) ich die Seehunde fotografiert. Die Touristen mögen Seehunde und kaufen gerne die Postkarten. Jetzt (haben/sind) gerade die Seehundbabys geboren. Die sind süß.

Ella: Ich (habe/bin) noch nie Seehundbabys in der Natur gesehen. Nur im Fernsehen.

Viktor: Wir fahren gleich hin. Dann kannst du sie sehen.

Ella: Oh ja, gerne. Wo ist Martin denn? Wir warten schon zwanzig Minuten ... Ah, da ist er ja. Mach schnell, Martin! Wir fahren jetzt.

Martin: Ich komme ja schon. Tut mir leid. (Habt/Seid) ihr lange gewartet? Ich (habe/bin) noch Postkarten gekauft. Hier, guckt mal: Seehunde. Die sind doch süß, oder?

b Hören Sie den Dialog. Haben Sie alles richtig? 22

c Lesen Sie den Text noch einmal und beantworten Sie die Fragen.

1 Wo haben Martin und Viktor studiert?
2 Wann ist Viktor nach Norderney gekommen?
3 Was hat Viktor immer im Urlaub gemacht?
4 Wo hat Ella Seehundbabys gesehen?
5 Warum ist Martin zu spät gekommen?

8 Wie war der Urlaub?

23

Ella und Martin sind wieder zu Hause. Ella trifft ihre Nachbarin im Hausflur. Hören Sie und ergänzen Sie.

Das kennen Sie schon:
Heute **ist** Montag.
Gestern **war** Sonntag.

Warst | war | waren

Nachbarin: Hallo Ella. Wie geht's? Wie war der Urlaub?

Ella: Schön, aber sehr kurz. Wir ……1…… vier Tage auf Norderney. ……2…… du schon mal dort?

Nachbarin: Nein, ich ……3…… noch nie auf Norderney.

ich bin → ich war
du bist → du warst
wir sind → wir waren

9 Wo war das?

a Sehen Sie sich die Urlaubsfotos an und lesen Sie die Texte. Ordnen Sie zu.

1 

2 

3 

a
Das war letztes Wochenende. Wir waren in Berlin und haben eine Rundfahrt mit dem Schiff gemacht.

b
Da waren wir am Meer. Unser Hotel war direkt am Strand und wir sind jeden Tag am Strand spazieren gegangen.

c
Ich war vor zwei Jahren in Tirol in den Bergen. Das Wetter war super und ich bin jeden Tag Ski gefahren.

b Wo waren Sie? Wie war das? Was haben Sie gemacht? Erzählen Sie.

Warst du schon mal am Meer?

Ja, das war sehr schön! Und du?

Ich war noch nie am Meer.

in den Bergen
am Strand/am Meer

	sein
ich	**war**
du	**warst**
er/sie/es	**war**
wir	**waren**
ihr	**wart**
sie/Sie	**waren**

Warst du schon mal ... in Marokko/in der Schweiz/...?
in München/in New York/...?
auf Norderney/auf Kreta/...?
auf dem Mond?

Ja, ich war schon einmal/zweimal dort.
Ja, schon oft.
Nein, ich war noch nie dort.
Nein, noch nie.

10 Ich hatte keine Zeit.

a Hören Sie und ergänzen Sie. 24

hatten | hatte

▶ Hast du schon die Hausaufgaben gemacht? Die waren wirklich schwer.

▷ Nein, ich ......1...... am Wochenende keine Zeit.

Wir ......2...... Besuch. Meine Schwester und ihre Kinder waren da.

ich habe → ich hatte
wir haben → wir hatten

b Was passt zusammen? Verbinden Sie.

1 Ich war am Dienstag beim Arzt.
2 Martin war letzte Woche nicht im Büro.
3 Die Kinder waren gestern nicht in der Schule.
4 Ich war gestern nicht im Kino.
5 Marie hat am Wochenende gearbeitet.
6 Wir waren letzte Woche in Berlin.

a Sie hatte Nachtdienst.
b Ich hatte keine Zeit.
c Ich hatte Rückenschmerzen.
d Sie hatten frei.
e Wir hatten viel Spaß dort.
f Er hatte Urlaub.

	haben
ich	**hatte**
du	**hattest**
er/sie/es	**hatte**
wir	**hatten**
ihr	**hattet**
sie/Sie	**hatten**

c Haben Sie gestern gearbeitet? Waren Sie im Deutschkurs oder hatten Sie frei? Was haben Sie gemacht? Sprechen Sie im Kurs.

11 Wie war dein Tag?

Wie war dein/Ihr Tag?
Wie war dein/Ihr Wochenende?
Wie war dein/Ihr Urlaub?

a Was ist richtig? Hören Sie und kreuzen Sie an. 25

1 Die Frau war gestern a ☐ im Büro. b ☐ im Schwimmbad.
2 Der Mann hatte am Wochenende a ☐ viel Spaß. b ☐ viel Arbeit.
3 Die Frau hatte am Sonntag a ☐ frei. b ☐ Nachtdienst.
4 Der Mann war a ☐ am Meer. b ☐ in den Bergen.

b Wie war Ihr Tag gestern? Und Ihr Wochenende? Schreiben Sie Sätze und sprechen Sie.

Mein Tag war ....

Ich hatte ....

Ich war ....

Mein Wochenende war ....

Ich hatte ....

Ich war ....

Mein Tag / Wochenende war super / (ganz) gut / nicht so gut / stressig / langweilig / ...

Ich hatte frei / viel zu tun / Spaß / viel Arbeit / Stress / ...

Ich war zu Hause / im Kino / im Park / im Deutschkurs / ...

Sprachbausteine

Zeitangaben

gestern, vorgestern
letzte Woche, letzten Monat, letztes Jahr, vor zwei Jahren
früher

schon – noch nie

Warst du schon mal in Berlin?
Ja, schon oft. / Ja, einmal.
Nein, noch nie.

Wie war dein/Ihr ...?

Wie war dein Tag / Wochenende / Urlaub?
Super / (ganz) gut / nicht so gut / stressig / langweilig.
Ich hatte frei / viel zu tun / Spaß / viel Arbeit / Stress.
Ich war zu Hause / im Kino / im Deutschkurs / in Berlin / in den Bergen / am Meer.

Grammatik

Das Perfekt mit *haben*

	haben	+ Partizip II
ich	**habe**	
du	**hast**	
er/sie/es	**hat**	gekauft gebacken fotografiert
wir	**haben**	
ihr	**habt**	
sie/Sie	**haben**	

Das Perfekt mit *sein*
(bei Bewegungen und Zustandsveränderungen)

	sein	+ Partizip II
ich	**bin**	
du	**bist**	gefahren gegangen gekommen geboren
er/sie/es	**ist**	
wir	**sind**	
ihr	**seid**	
sie/Sie	**sind**	

Das Partizip II

ge + t/et

hören – gehört
leben – gelebt
arbeiten – gearbeitet
heiraten – geheiratet

ge + en

backen – gebacken
lesen – gelesen
schreiben – geschrieben
sehen - gesehen

t

fotografieren – fotografiert
telefonieren – telefoniert
reparieren – repariert
servieren – serviert

Das Perfekt im Satz

Er	**hat**	gestern Fußball	**gespielt.**
Du	**hast**	letztes Jahr ein Auto	**gekauft.**
Wir	**sind**	nach Hause	**gegangen.**
Ich	**bin**	nicht mit dem Bus	**gefahren.**
Er	**ist**	in Kiew	**geboren.**

Präteritum von *sein* und *haben*

	sein	haben
ich	war	hatte
du	warst	hattest
er/sie/es	war	hatte
wir	waren	hatten
ihr	wart	hattet
sie/Sie	waren	hatten

Gestern **war** Montag.

Du **warst** letzte Woche beim Arzt.

Wie **war** dein Wochenende?

Wir **hatten** gestern frei.

Wir gehen shoppen!

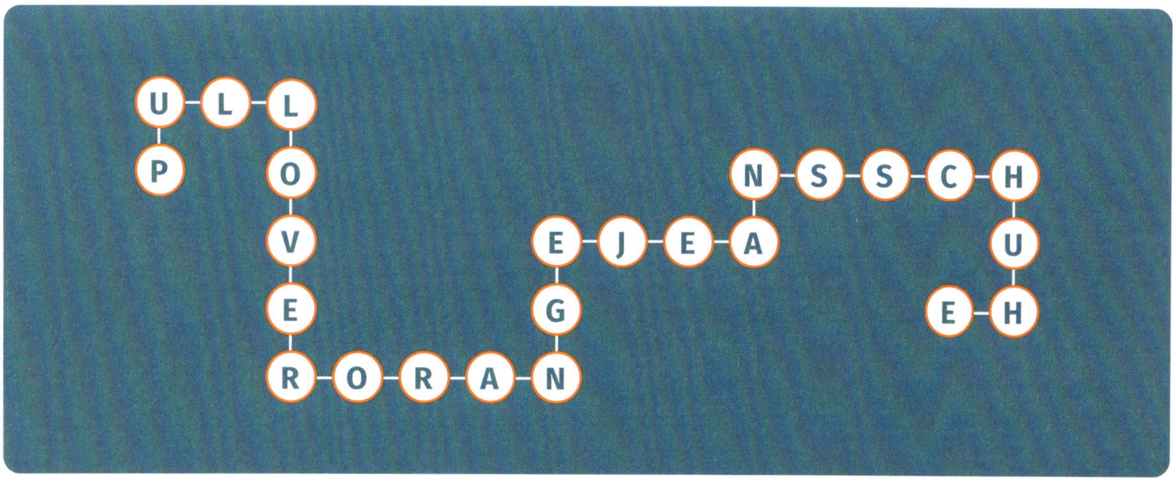

1 Kleidung

a Ana schaut in ihren Kleiderschrank. Welche Kleidungsstücke hat sie? Schreiben Sie.

a	das Kleid				
b					

a					
b				furchtbar	

der Anzug
die Bluse
das Hemd
die Hose
die Jacke
die Jeans
das Kleid
der Mantel
die Mütze
der Pullover
der Rock
der Schal
die Schuhe
die Socken (Pl.)
das T-Shirt

26 **b** Ana spricht mit Laura. Wie findet Ana ihre Kleidung? Hören Sie und ergänzen Sie in der Tabelle.

c Und wie finden Sie die Kleidung von Ana? Fragen Sie Ihre Partnerin/Ihren Partner.

☺	☹
(sehr) schön	nicht schön
klasse	blöd
toll	langweilig
super	hässlich
günstig	teuer
perfekt	furchtbar
bequem	unbequem

Wie findest du das Kleid?

Das Kleid finde ich …

Wie findest du den Schal?

Den Schal finde ich …

Nominativ	Akkusativ	Dativ
der/ein Mantel	den/einen Mantel	dem/einem Mantel
die/eine Hose	die/eine Hose	der/einer Hose
das/ein Hemd	das/ein Hemd	dem/einem Hemd

27 **d** Laura und Ana sprechen weiter. Sie planen einen Einkaufsbummel. Was brauchen sie? Hören Sie und ergänzen Sie die Liste.

Ana	Laura
eine Bluse	

2 Er/Sie trägt ...

a Was tragen die Personen? Schreiben Sie.

Er trägt ***eine*** *Mütze mit* ***einem*** *Pullover.*

Sie ...

Er ...

b Beschreiben Sie eine Kursteilnehmerin/einen Kursteilnehmer. Die anderen raten.

Die Person trägt heute eine Bluse mit einem Rock.

Das ist Ewa.

Nein, das ist Rabia.

3 Farben

a Hören Sie und schreiben Sie. 28

1 ...... 2 ...... 3 ...... 4 ...... 5 ...... 6 ......

7 ...... 8 ...... 9 ...... 10 ...... 11 ...... 12 ......

beige
blau
braun
gelb
grau
grün
lila
orange
schwarz
rosa
rot
weiß

b Sehen Sie sich die Kleidung von Laura noch einmal an und sprechen Sie mit Ihrer Partnerin Ihrem Partner.

Ist die ***Hose grün?***

Nein, die ***Hose*** *ist nicht* ***grün****. Sie ist* ***schwarz****.*

4 Was trägst du gerne?

a Was tragen Sie immer und was tragen Sie nie? Schreiben Sie auf. Fragen Sie Ihre Partnerin/Ihren Partner.

immer 100 %	meistens 80 %	oft 60 %	manchmal 40 %	selten 20 %	nie 0 %

b Beschreiben Sie die Ergebnisse im Kurs.

5 Laura und Ana in der Stadt

29 **a** Hören Sie die Dialoge. Was will Ana kaufen? Welche Größe braucht sie?

1 .... in Größe ....

2 .... in Größe ....

▶ Wie gefällt dir die Bluse?
▷ Ich weiß nicht. Sie gefällt mir nicht so gut. Eine Bluse in Blau zu deinem Rock? Ich weiß nicht.
▶ Mir gefällt sie sehr gut, aber ich glaube, sie passt mir nicht. Sie ist zu klein.
▷ Vielleicht kann dir die Verkäuferin helfen?
▶ Die Bluse ist zu klein. Haben Sie sie auch in Größe 38?
◯ Natürlich, hier bitte.
▶ Danke, die probiere ich mal an.

▶ Meinst du, das T-Shirt passt mir?
▷ Die Farbe ist gut, aber das Shirt ist zu weit.
▶ Dann nehme ich es in Größe XS.
▷ Nein, das ist zu eng.
◯ Größe S könnte Ihnen passen. Hier bitte.
▶ Vielen Dank.

Personalpronomen

Nominativ	Dativ
ich	mir
du	dir
er, es	ihm
sie	ihr
wir	uns
ihr	euch
sie/Sie	ihnen/Ihnen

b Lesen Sie die Dialoge noch einmal. Markieren Sie die Personalpronomen.

c Ergänzen Sie.

Verkäuferin: Kann ich *Ihnen* helfen?
Kundin: Ja, ich brauche ein Kleid.
Verkäuferin: Wie gefällt ......2...... dieses hier?
Kundin: Nein, die Farbe steht ......3...... nicht.
Freundin: Wie gefällt ......4...... das hier in Grün?
Kundin: Das gefällt ......5...... sehr gut.

d Bringen Sie Prospekte mit und fragen Sie sich gegenseitig.

*Rabia, wie gefällt dir die **Hose**?*

*Miguel und Karim, wie gefallen euch die **Schuhe**?*

Verben mit Dativ
gefallen, stehen, passen, helfen

e Schreiben Sie Minidialoge und spielen Sie sie.

Fragen	Antworten
Wie gefällt/gefallen dir/euch/Ihnen ...? Gefällt/Gefallen dir/euch/Ihnen ...? Passt/Passen dir/Ihnen ...? Wie steht mir ...?	Der/Die/Das gefällt/gefallen mir/uns gut/nicht so gut. Der/Die/Das ... ist zu groß/klein/weit/eng. Der/Die/Das ... steht dir/Ihnen gut/nicht so gut/überhaupt nicht.
Welche Größe brauchen/haben Sie? Was kostet der/die/das ...?	Größe ... Der/Die/Das kostet ... Euro.

6 Eine neue Hose

a Hören Sie und markieren Sie: richtig oder falsch? ✓ ✗ 30

1 Laura sucht eine Hose. ☐ ☐
2 Ihr gefällt die Hose in Rosa. ☐ ☐

Verkäuferin: Kann ich Ihnen helfen?
Laura: Ich brauche eine Hose.
Verkäuferin: Wie gefällt Ihnen dieses Modell?
Laura: Das ist ganz schön. Aber ich möchte keine Hose in Rosa.
Verkäuferin: Kein Problem, wir haben die Hose auch in Grün. Gefällt Ihnen die Farbe besser?
Laura: Ja, die ist viel schöner. Ich probiere sie mal an.

b Hören Sie. Was kauft Laura? 30

Verkäuferin: Und? Passt die Hose?
Laura: Nein, leider nicht. Haben Sie die noch größer? Sie ist zu eng.
Verkäuferin: Größer? Nein, leider nicht. Hier ist noch ein anderes Modell. Das ist aber teurer.
Laura: Was kostet diese Hose denn?
Verkäuferin: 98,95 Euro. Die andere Hose ist günstiger – nur 57,50 Euro.
Laura: Ich finde diese Hose am schönsten, aber sie ist auch am teuersten. Ich weiß nicht, vielleicht kaufe ich lieber einen Rock. Röcke habe ich doch am liebsten!

c Markieren Sie die Adjektive in den Dialogen. Schreiben Sie die Komparativ- und Superlativ-Formen in eine Tabelle.

Positiv	**Komparativ** -er	**Superlativ** am …-sten
groß	größer	am größten
klein	....	....
eng	....	....
…	…	…

groß größer am größten

gut	besser	am besten
gern	lieber	am liebsten
viel	mehr	am meisten

d Welche Kleidung mögen Sie lieber/am liebsten?

Hemden finde ich schöner als T-Shirts.

Ich mag Röcke lieber als Kleider.

Hosen finde ich am praktischsten.

e Schreiben Sie Sätze.

1 Hose (59,– €) / Jogginganzug (39,– €) / teuer → Die Hose ist teurer als der Jogginganzug.
2 Schuhe (48,– €) / Sportschuhe (69,– €) / günstig
3 Strickjacke (39,– €) / Pullover (29,– €) / viel kosten
4 T-Shirt / Hemd / bequem
5 Hosen / Jeans / gern tragen
6 Laura (1,70 m) / Ana (1,60 m) / groß

schöner, besser, größer, … } als

7 Der Pullover ist zu eng.

a Ergänzen Sie die Adjektive.

eng | teuer | klein | kurz | günstig | weit | lang | ~~groß~~

Der Pullover ist ...

zu *groß*

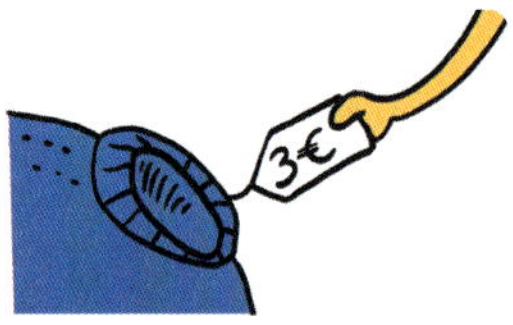

zu 1

zu 2

zu 3

zu 4

zu 5

zu 6

zu 7

b Schreiben Sie Sätze. Variieren Sie.

Die Hose Das Kleid Der Pullover Die Schuhe ...	ist sind steht/stehen passt/passen	ihm/ihr mir/dir	zu ... klein/... nicht. gut/... nicht so ...

8 Etwas umtauschen

31 **a** Ordnen Sie die Sätze. Hören Sie dann zur Kontrolle.

- 1 Kundin: Entschuldigung, ich möchte etwas umtauschen.
- 2 Verkäufer: Ja, was denn?
- ☐ Kundin: Ja, natürlich. Hier bitte.
- ☐ Verkäufer: Ist etwas nicht in Ordnung damit? Ist er kaputt?
- ☐ Verkäufer: Haben Sie noch den Kassenbon?
- ☐ Kundin: Den Mantel hier.
- ☐ Verkäufer: Möchten Sie das Geld zurück oder nehmen Sie einen anderen Mantel?
- ☐ Kundin: Nein, aber der ist zu eng. Ich habe ihn gestern gekauft, aber er passt mir doch nicht richtig.
- ☐ Kundin: Ich weiß nicht. Ich glaube, ich möchte jetzt doch lieber einen Anorak. Haben Sie einen in Größe 38?

b Machen Sie Notizen: Was möchte die Kundin in dem Geschäft? Warum möchte sie den Mantel nicht? Was möchte sie lieber? Sprechen Sie mit einer Partnerin/einem Partner.

Verben mit Akkusativ

brauchen, nehmen, suchen, kaufen, mögen, umtauschen

c Warum wollen Sie etwas umtauschen? Spielen Sie Dialoge.

Ich möchte bitte die Jacke umtauschen.

Warum möchten Sie die Jacke umtauschen?

Sie ist zu kurz.

9 Welche Hose steht mir?

a Lesen Sie die Nachricht. Was möchte Sandro kaufen? Was soll Laura tun? Was denken Sie: Was soll Sandro kaufen?

Hallo Laura,

ich brauche neue Klamotten. Du kannst mir doch bestimmt helfen, oder? Ich habe keine Ahnung von Mode. Ich habe auf *Kleidung-online* ein paar Sachen gesehen. Hier sind Bilder. Was meinst du? Welche Hose soll ich für die Party kaufen?

Diese (typisch deutsch, oder?)  oder diese? 

Ein Hemd brauche ich auch dazu. Welches findest du besser?

Dieses  oder dieses? 

Bitte gib mir einen Tipp! Vielen Dank für deine Hilfe und bis morgen.

Sandro

b Ergänzen Sie wie im Beispiel.

1 ▶ *Welchen* Mantel möchtest du? ▷ *Diesen* hier.

2 ▶ .... Rock gefällt dir? ▷ .... da.

3 ▶ .... Jacke steht mir? ▷ .... hier.

4 ▶ .... T-Shirt nimmst du? ▷ .... dort.

5 ▶ .... Pullover passt dir? ▷ .... hier.

6 ▶ .... Schuhe magst du? ▷ .... da.

Nominativ		
welch**er**?	dies**er**	**der** Rock
welch**e**?	dies**e**	**die** Hose
welch**es**?	dies**es**	**das** Kleid
welch**e**?	dies**e**	**die** Schuhe
Akkusativ		
welch**en**?	dies**en**	**den** Mantel
welch**e**?	dies**e**	**die** Bluse
welch**es**?	dies**es**	**das** T-Shirt
welch**e**?	dies**e**	**die** Socken

c Sprechen Sie mit Ihrer Partnerin/mit Ihrem Partner.

*Welcher **Mantel** gefällt dir?*

***Dieser** hier.*

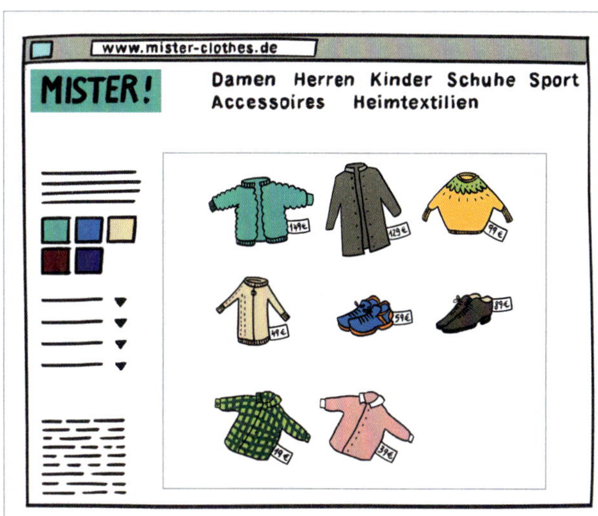

Sprachbausteine

Kleidung benennen
Kleid, Hose, Jeans, Pullover, T-Shirt, Mantel, Bluse, Hemd, Jacke, Rock, Schal, Anorak, Anzug, Mütze, Socken, Strümpfe, Strickjacke, Schuhe, Sportschuhe ...

Farben
rot, grün, blau, orange, beige, lila, rosa, braun, schwarz, weiß, grau

Fragen, wie man etwas findet
Wie findest du/finden Sie ...?
Wie gefällt dir/Ihnen ...?

Sagen, wie man etwas findet/etwas ist
Das Kleid finde ich schön/klasse/gut/super/nicht schön/hässlich/furchtbar ...
Das Kleid ist zu eng/zu klein/zu groß/zu teuer ...

Nach Kleidung fragen/Kleidung kaufen
Haben Sie ...?
Ich brauche ...
Gibt es hier ...?
Wo gibt es ...?
Passt dir/Ihnen ...?
Wie steht mir ...?
Welche Größe haben Sie?

Häufigkeitsangaben
immer, meistens, oft, manchmal, selten, nie

Grammatik

Der unbestimmte Artikel

Nominativ	Dativ
ein Mantel	einem Mantel
eine Hose	einer Hose
ein Hemd	einem Hemd

Komparativ und Superlativ

schön	schöner	am schönsten
gut	besser	am besten
gern	lieber	am liebsten
viel	mehr	am meisten

Vergleiche
genauso ... wie
schöner / besser / größer } als

Personalpronomen im Dativ

Nominativ	Dativ
ich	mir
du	dir
er, es	ihm
sie	ihr
wir	uns
ihr	euch
sie, Sie	ihnen, Ihnen

	Nominativ		Akkusativ	
der Anorak	welcher?	dieser	welchen?	diesen
die Hose	welche?	diese	welche?	diese
das Hemd	welches?	dieses	welches?	dieses
die Schuhe	welche?	diese	welche?	diese

Verben mit Akkusativ
brauchen, nehmen, suchen, kaufen, mögen

Verben mit Dativ
gefallen, stehen, passen, helfen

Verben

Das Verb *gefallen*

Singular:
Die Jacke/Der Mantel/Das Hemd **gefällt** mir.
Die Jacke/Der Mantel/Das Hemd **gefällt** ihr.
Die Jacke/Der Mantel/Das Hemd **gefällt** uns.

Plural:
Die Schuhe/Die Socken **gefallen** mir.
Die Schuhe/Die Socken **gefallen** ihr.
Die Schuhe/Die Socken **gefallen** uns.

Endlich Frühling!

Was ist wann?

...	Neujahr	Weihnachten	mein Geburtstag	Ramadan
Januar	...	Mai	...	Dezember

1 Wie ist das Wetter?

Das Wetter ist gut/nicht so gut/schlecht.
Das Wetter ist schön/nicht so schön.

a Wie ist das Wetter? Ordnen Sie zu.

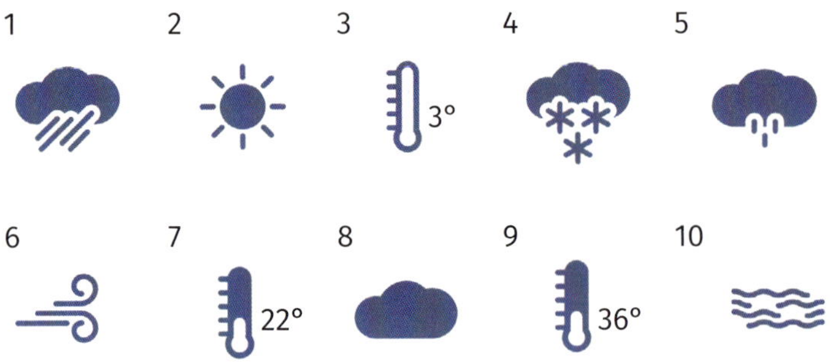

- [ ] Es schneit.
- [ ] Es ist neblig.
- [ ] Es ist heiß.
- [ ] Es ist bewölkt.
- [ ] Es regnet.
- [ ] Es ist sonnig.
- [ ] Es ist warm.
- [ ] Es ist kalt.
- [ ] Es hagelt.
- [ ] Es ist windig.

32 **b** Hören Sie und lesen Sie. Ist das richtig oder falsch?

		✓	✗
1	Es regnet.	☐	☐
2	Es schneit.	☐	☐
3	Es ist windig.	☐	☐
4	Es ist sonnig.	☐	☐

Die Sonne scheint.
= Es ist sonnig.

Es sind 31 Grad/minus 2 Grad.
Wir haben 31 Grad/minus 2 Grad.

2 Von Norden nach Süden

a Sehen Sie sich die Deutschlandkarte an. Wo liegt Kiel: im Norden, im Süden, im Westen oder im Osten? Und wo liegt Dresden? München? Bonn?

Wo liegt ...?
= Wo ist ...?

b Wie ist das Wetter in Deutschland? Schreiben Sie.

1 Wie ist das Wetter in Norddeutschland?
Es regnet. Es sind 14 Grad.

2 Wie ist das Wetter in Süddeutschland?
....

3 Wie ist das Wetter in Westdeutschland?
....

4 Wie ist das Wetter in Ostdeutschland?
....

5 Wie ist das Wetter in Ihrer Stadt?
....

Wir sagen auch:
in Norddeutschland, in Süddeutschland, in Westdeutschland, in Ostdeutschland.

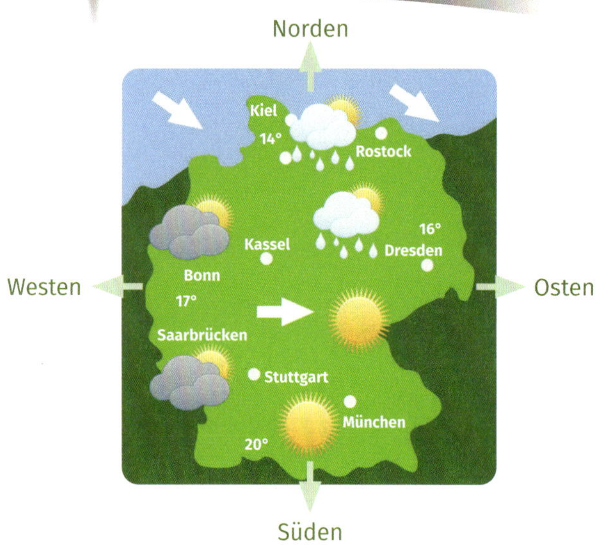

33 **c** Wie ist das Wetter? Hören Sie und lesen Sie. Ist das richtig oder falsch?

		✓	✗
1	In Norddeutschland ist es heute trocken und warm.	☐	☐
2	In Süddeutschland scheint heute den ganzen Tag die Sonne.	☐	☐
3	Morgen ist das Wetter in Norddeutschland schlecht.	☐	☐

3 Wir lieben die Sonne!

a Lesen Sie die Texte und die Fragen. Antworten Sie.

Im Winter ist es in Deutschland oft kalt und nass. Das mögen wir nicht. Wir lieben den Frühling und den Sommer. Im Frühling ist es manchmal schon sonnig und warm. Dann arbeiten wir im Garten. Wir pflanzen Blumen und Gemüse. Im Sommer grillen wir oft am Wochenende. Unsere Freunde kommen, wir reden, lachen und manchmal tanzen wir auch. Das ist immer sehr lustig.

Marco und Karina

lieben = sehr gern mögen

Finja

Der Winter ist super! Meine Eltern und ich leben in der Schweiz, in den Alpen. Im Winter schneit es hier oft und wir lieben den Schnee. Wir fahren Ski, gehen im Schnee spazieren oder bauen zusammen einen Schneemann.

lieben/mögen + **Akkusativ**
Finja liebt **den Schnee**.
Ich mag **die Sonne**.

1 Welche Jahreszeiten mögen Karina und Marco?
2 Welche Jahreszeit mag Finja?
3 Was machen Karina und Marco im Frühling?
4 Wo wohnt Finja?
5 Was macht Finja im Winter?

b Ihre Partnerin/Ihr Partner weiß nicht, was Marco, Karina und Finja gesagt haben. Erzählen Sie ihr/ihm davon.

Marco und Karina mögen den Winter in Deutschland nicht.

c Wie ist das Wetter in anderen Ländern? Welche Jahreszeit(en) mögen Sie? Fragen und antworten Sie.

▷ Wie ist das Wetter in Polen/im Irak ...?
▷ Regnet es/schneit es oft?
▷ Ist es im Sommer sehr heiß/im Winter sehr kalt?
▷ Was machst du im Sommer/... gern?
▷ Welche Jahreszeit magst du gern?

Die Sonne scheint/Es schneit/...
immer/oft/manchmal/nie
Es ist oft (sehr) heiß/warm/kalt.
Ich mag/Ich liebe den Herbst/...

4 Finja will nach draußen.

Was passt zusammen? Hören Sie und ordnen Sie zu. 34

1 Papa, die Sonne scheint! Ich gehe nach draußen. ☐
2 Mama, es schneit! Darf ich nach draußen? ☐
3 Es ist kalt heute. Ich will nicht nach draußen. ☐

a Ich will mit Papa einen Schneemann bauen.
b Ich will lieber fernsehen.
c Ich will Fahrrad fahren.

Finja **will** einen Schneemann **bauen**.

ich will/ich möchte

	wollen
ich	**will**
du	**willst**
er/sie/es	**will**
wir	wollen
ihr	wollt
sie / Sie	wollen

5 Wir feiern ein Fest.

a Ergänzen Sie.

das Fest, die Feier, die Party

Ostern | Weihnachten | Hochzeit | Geburtstag

b Lesen Sie die Wörter. Zu welcher Feier passen diese Wörter?

~~das Kleid~~ | der Weihnachtsbaum | der Anzug | der Hase | der Schnee | das Osterei | der Luftballon | die Torte | der Weihnachtsmann | das Geschenk

Das Kleid passt zur Hochzeit.

c Bilden Sie neue Wörter:

Oster-		-hase -party -geschenk -torte
Hochzeit- Geburtstag- Weihnacht-	-s-	

die Hochzeit + das Kleid:	das Hochzeit**s**kleid
Ostern + das Ei:	das Osterei
der Geburtstag + die Torte:	die Geburtstag**s**torte
Weihnachten + der Mann:	der Weihnacht**s**mann

6 Jahreszeiten und Monate

a In welcher Jahreszeit ist Ostern, Weihnachten, der Geburtstag Ihrer Partnerin/Ihres Partners?

Im Frühling .... Im Sommer .... Im Herbst .... Im Winter ....

b Wie heißen die Monate? Schreiben Sie und ordnen Sie sie den Jahreszeiten zu.

JANUARFEBRUARMÄRZAPRILMAIJUNIJULIAUGUSTSEPTEMBEROKTOBERNOVEMBERDEZEMBER

der Frühling: *März* ....

der Sommer: ....

der Herbst: ....

der Winter: ....

7 Marco heiratet im Juni.

Wann?
Im Juni./**Im** März.
Im Sommer./**Im** Herbst.

a Marco schreibt immer alles auf. Hier ist sein Kalender. Beantworten Sie die Fragen.

Januar	Februar	März	April	Mai	Juni
Geburtstag Karina		*Weltfrauentag (Blumen!)*	*Ostern in Rom*	*Geburtstag Herbert*	*Hochzeit – mein Schatz und ich!!*
Juli	**August**	**September**	**Oktober**	**November**	**Dezember**
	Hochzeit Petra und Ahmed	*Oktoberfest in München*			*Weihnachten bei Oma*

1 Wann heiratet Marco? Im Juni.

2 Wann hat Karina Geburtstag? ....

3 Wann besucht er seine Oma? ....

b Was macht Marco noch? Stellen Sie weitere Fragen.

8 Welcher Tag ist heute?

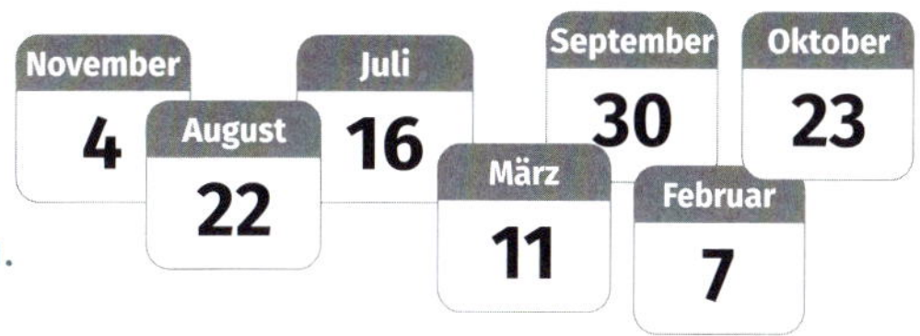

2. = zwei**te**
4. = vier**te**
...
Achtung!
1. **erste**
3. **dritte**
7. **siebte**
20. zwanzig**ste**

a Hören Sie und schreiben Sie das Datum. 35

1 *26. April*

2 ....

3 ....

b Lesen Sie das Datum. Heute ist der ...

c Lesen Sie die Jahreszahl.

1978 2010 2001 1986 1961 2017 2005

1994 1969 1981 2013 2024 1956 1999

2015 zweitausendfünfzehn
1989 neunzehnhundertneunundachtzig

9 Wir heiraten an einem Freitag.

a Marco telefoniert mit seiner Mutter. Hören Sie und beantworten Sie die Fragen. 36

1 Wann heiratet Marco? ....

2 Wie heißt Marcos Braut? ....

b Hören Sie noch einmal. Zeichnen Sie: Wie fühlt sich Marcos Mutter? 36

glücklich
unglücklich
Gesprächsanfang Gesprächsende

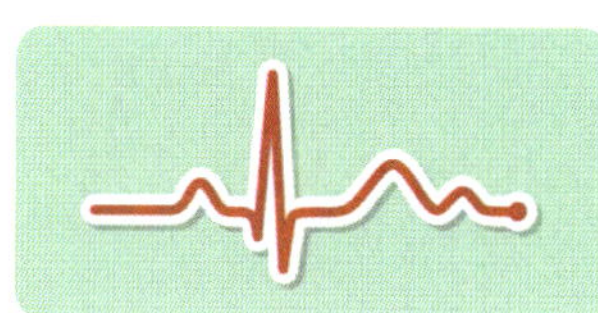

c Arbeiten Sie zu zweit. Erklären Sie Ihrer Partnerin/Ihrem Partner die Reaktion von Marcos Mutter. Sprechen Sie dann im Kurs: Ist Freitag, der 13., ein gutes Datum für die Hochzeit?

d Sprechen Sie mit Ihrer Partnerin/Ihrem Partner. Wann haben Sie Geburtstag? Wann haben Sie geheiratet? Wann haben Ihre Geschwister/Eltern/Kinder Geburtstag? ...

10 Eine Grillparty bei Wassila und Giovanni

a Lesen Sie die Nachricht und beantworten Sie die Fragen.

Lieber Karim,

Giovanni hat am 5. Juli Geburtstag und wir machen eine Grillparty im Garten. Kommst du auch?

Wann? Am 5. Juli um 17.00 Uhr
Wo? Bei Wassila und Giovanni

Wir möchten Laura auch einladen. Hast du ihre Telefonnummer?

Viele Grüße
Wassila und Giovanni

Juli						
Mo	**Di**	**Mi**	**Do**	**Fr**	**Sa**	**So**
	1	2	3	4	5	6
7	8	9	10	11	12	13
14	15	16	17	18	19	20
21	22	23	24	25	26	27
28	29	30	31			

Wir sagen „**der fünfte** Juli", aber „**am fünften** Juli".

1 Warum machen Wassila und Giovanni eine Party?
2 Wann beginnt die Party?
3 Wo ist die Party?
4 Wen möchten sie noch einladen?

37 **b** Karim spricht mit Laura über die Party. Hören Sie den Dialog. Was will Laura Giovanni schenken? Kreuzen Sie an.

das Geschenk – schenken
Ich schenke Paula einen Schal.

 ☐  ☐  ☐

c Lesen Sie die Nachricht von Karim. Was ist richtig: a oder b?

Liebe Wassila, lieber Giovanni,

vielen Dank für die Einladung. Ich ....1........ gerne. Ich backe ....2........ Geburtstagskuchen für Giovanni. Mag er ....3........ Zitronenkuchen oder Schokoladenkuchen?

Laura kommt auch. Ich ....4........ sie schon gefragt, aber hier ist auch ....5........ Telefonnummer: 069 3197674

Viele Grüße und ....6........ Samstag
Karim

1
a ☐ komme
b ☐ kommen

2
a ☐ ein
b ☐ einen

3
a ☐ lieber
b ☐ liebt

4
a ☐ bin
b ☐ habe

5
a ☐ ihre
b ☐ seine

6
a ☐ am
b ☐ bis

die Einladung **zum** Geburtstag
zur Hochzeit
einladen Ich **lade** meine Freunde **ein**.

11 Eine Einladung zur Party

a Sie möchten eine Party machen. Laden Sie eine Person ein.

Anrede:	Liebe/Lieber ...,
Was?	... ich mache eine Grillparty/Gartenparty/Weihnachtsfeier. ... ich habe Geburtstag und mache eine Party.
Wann?	Die Party/Die Feier ist am Freitag/am 18. Dezember um ... Uhr.
Wo?	im Restaurant/bei mir zu Hause/im Garten
Einladung:	Kommst du auch?/Kannst du kommen?/Hast du Zeit?
Grüße:	Viele Grüße Viele Grüße und bis Freitag Bis bald

b Geben Sie Ihre Einladung nach rechts weiter. Lesen Sie und antworten Sie.

Liebe/Lieber ...,
vielen Dank für die Einladung.
Ich komme gern./Am ... habe ich Zeit.
Ich kann leider nicht kommen. Ich muss arbeiten./Meine Kinder sind krank.
Viele Grüße

12 Eine Party im Deutschkurs

Planen Sie die Party.

*Machen wir die Party **im Garten?***

*Ich kann **einen Kuchen** mitbringen.*

Wo machen wir die Party?

*Ich mache **einen Salat**. Und du?*

Was bringst du mit?

*Ich kaufe **Orangensaft**.*

Wann machen wir das Fest?

*Vielleicht am **10. Juni?***

Und wer räumt auf?

mit | bringen
Ich **bringe** Kaffee **mit**.
Ich **kann** einen Kuchen **mitbringen**.

einen Kuchen/eine Pizza backen
einen Salat machen
Musik/Teller/Becher mitbringen
Tee/Kaffee kochen
Saft/Wasser/Sekt trinken
Brot/Brötchen kaufen
eine Spezialität mitbringen

Sprachbausteine

Die Jahreszeiten

der Frühling, Sommer, Herbst, Winter

Die Monate

der Januar, Februar, März, April, Mai, Juni, Juli, August, September, Oktober, November, Dezember

Die Himmelsrichtungen

der Norden, Osten, Süden, Westen

Wie ist das Wetter?

Es ist schön/schlecht/gut/nicht so gut.
Es schneit/regnet/hagelt.
Es ist windig/sonnig/bewölkt/nebelig.
Die Sonne scheint.
Es ist kalt/warm/heiß.
Es sind 24 Grad/minus 3 Grad.

Feste und Feiertage

Weihnachten, Ostern, der Geburtstag, die Hochzeit

Frohe Weihnachten/Frohe Ostern!
Alles Gute zum Geburtstag/zur Hochzeit!

Eine Einladung schreiben

Liebe/Lieber ...,
ich habe Geburtstag. Ich mache eine Party.
Die Feier ist am ... um ... Uhr.
Kommst du?/Hast du Zeit?
Viele Grüße

Grammatik

Das Modalverb *wollen*	
ich	**will**
du	**willst**
er/sie/es	**will**
wir	woll<u>en</u>
ihr	woll<u>t</u>
sie/Sie	woll<u>en</u>

Wortbildung: Komposita

Ostern + das Fest = das Osterfest
die Hochzeit + die Feier = die Hochzeit**s**feier
der Geburtstag + die Torte = die Geburtstag**s**torte
Weihnachten + der Baum = der Weihnacht**s**baum

Präpositionen

Wann?
im Frühling, Sommer
im Januar, Februar
am ersten Januar
am Freitag

Die Ordinalzahlen

1. der **erste**
2. der **zweite**
3. der **dritte**
7. der **siebte**
20. der zwanzigste
30. der dreißigste

Das Datum

Welcher Tag ist heute?
Heute ist **der** zwölfte November.

Wann hat Marco Geburtstag?
Am fünf**ten** Mai.

Arbeitsbuch

Im Arbeitsbuch finden Sie:

- ein separates Aussprachetraining, mit dem Sie von Beginn an Ihre Aussprache verbessern können
- vertiefende Übungen zu allen sechs Lektionen im Kursbuch, die Sie im Unterricht oder zu Hause machen können
- den Lernwortschatz jeder Lektion zusammengefasst, mit viel Platz zum Bearbeiten

Inhalt

1 **Lange und kurze Vokale** 56

2 **Die Laute Ö und Ü** 57

3 **Silbe und Wortakzent** 59

1 Lange und kurze Vokale

38 **a** Hören Sie die Wortpaare und konzentrieren Sie sich auf die markierten Vokale. Welchen Unterschied hören Sie?

1 Frau M**ah**ler – Herr M**a**ller

2 Herr H**e**bbel – Frau H**e**bel

3 Herr Sch**ie**fer – Frau Sch**i**ffer

4 Frau H**o**lland – Frau H**o**land

5 Frau Schm**uh**ler – Herr Schm**u**ller

6 Herr M**aa**s – Herr M**a**ss

7 Frau Sch**i**cker – Frau Sch**ie**ker

38 **b** Hören Sie noch einmal und markieren Sie die Vokale wie im Beispiel.

Beispiel: Frau B<u>ö</u>hler – Herr Bọller

TIPP

Man markiert:

ọ = kurzer Vokal

<u>ö</u> = langer Vokal

c Kreuzen Sie an. Vergleichen Sie dann im Kurs.

	lang	kurz	Beispiel
Vokal + Vokal ist immer	☐	☐	Haare, See
Vokal + h ist immer	☐	☐	sehen, Uhr
i + e ist immer	☐	☐	Brief, Bier
Vokal + doppelter Konsonant ist immer	☐	☐	Mutter, Affe, kommen
Vokal + ck, tz und pf ist immer	☐	☐	Stück, jetzt, Apfel, Pferd
Vokal + ß	☐	☐	Gruß, süß

d Sprechen Sie die Wörter selbst. Welche der markierten Vokale sind lang, welche kurz? Kreuzen Sie an und hören Sie anschließend zur Kontrolle. 39

	lang	kurz
Pl**a**tz	☐	☐
Str**a**ßenb**a**hn	☐	☐
Haltest**e**lle	☐	☐
n**e**hmen	☐	☐
B**u**sse	☐	☐
l**ie**ber	☐	☐
F**a**hrrad	☐	☐

TIPP

Passende Gesten sind z. B.:
kurzer Vokal: auf den Tisch klopfen
langer Vokal: Handflächen auseinanderziehen

e Sprechen Sie danach die Wörter noch einmal und machen Sie eine passende Geste dazu.

f Suchen Sie im Kursbuch noch **vier** andere Wörter und notieren Sie sie. Ihre Partnerin/Ihr Partner markiert die kurzen und langen Vokale. Vergleichen Sie Ihre Lösung mit einem Wörterbuch.

2 Die Laute Ö und Ü

a Welches Wort hören Sie? Kreuzen Sie an. 40

☐ Bruder	☐ Brüder
☐ Ziege	☐ Züge
☐ Sonne	☐ Söhne
☐ schon	☐ schön
☐ Flüsse	☐ Füße
☐ Kissen	☐ küssen

TIPP

So spricht man *ü* und *ö*:

ö: Man spricht ein langes e und spitzt dann die Lippen. Die Position der Zunge ist wie beim e.

ü: Man spricht ein langes i und spitzt dann die Lippen. Die Position der Zunge ist wie beim i.

b Hören Sie noch einmal Aufgabe 2a. Markieren Sie, ob *ö* oder *ü* lang oder kurz ist. Lesen Sie danach den Tipp zur Bildung des Ü- und Ö-Lautes und sprechen Sie die Wörter. Machen Sie eine passende Geste dazu. 40

41 **c** Hören Sie den Dialog und achten Sie auf die Ü-Laute.

▶ Praxis Frau Dr. Mücke. Guten Tag.

▷ Guten Tag. Mühler am Apparat.

▶ Ah, Herr Müller. Was kann ich für Sie tun?

▷ Nein, hier ist Mühler, wie die Mühle.

▶ Oh, das tut mir leid, Herr Mühle.

▷ Nein, nein. Mühler, nicht Mühle. Mit R am Ende wie bei Müller.

▶ Jetzt wird es aber kompliziert. Was kann ich für Sie tun, Herr M.?

▷ Ich hätte gern einen Termin bei Frau Dr. Mücke, bitte. Morgen früh um neun.

▶ Warten Sie... – ja, das geht. Morgen früh, um neun, bei Frau Dr. Mücke. Auf Wiederhören!

▷ Auf Wiederhören. Und danke für Ihre Mühe!

41 **d** Hören Sie den Dialog noch einmal und markieren Sie: Wo hören Sie ein langes, wo ein kurzes *ü*?

e Sprechen Sie den Dialog mit Ihrer Partnerin/Ihrem Partner.

f Lösen Sie das Worträtsel. Entscheiden Sie, ob *ö* oder *ü* lang (_) oder kurz (•) ist, und markieren Sie.

1 Wer trägt eine Krone? __ __ __ __ G

2   sind Symbole für . . . __ L __ __ __

3 Messer, Gabel und . . . __ __ F __ __ __

4 Das Gegenteil von *sauer*? S __ __

5 können, dürfen und . . . M __ __ __ __ __

6 Töchter und . . . __ __ H __ __

7 Ein Satz hat viele . . . __ __ R __ __ __

g Sprechen Sie jetzt die Wörter laut und machen Sie eine passende Geste dazu.

3 Silbe und Wortakzent

a Hören Sie die Wörter. Wie viele Silben hören Sie? Ordnen Sie die Wörter zu. 42

Zucker | Salat | Marmelade | Kartoffeln | Brot | Ananas | Mango | Sahnetorte | Käse | Saft | Schokolade | Apfelbrei

● Silbe	● ● Silben	● ● ● Silben	● ● ● ● Silben

b Hören Sie noch einmal. Wie spricht man die Akzentsilbe? Markieren Sie die richtige Antwort. 42

1 lauter oder leiser?

2 deutlicher oder undeutlicher?

3 schneller oder langsamer?

4 höher oder tiefer?

c Hören Sie noch einmal. Welche Silbe ist betont? Ordnen Sie zu. 42

Akzentmuster	Wörter
●	
●•	
•●	
●••	
•●•	
••●	
●•••	
••●•	

d Sprechen Sie die Wörter und klopfen oder stampfen Sie die betonte Silbe stark, die unbetonte Silbe leiser.

e Was mögen Sie? Was mögen Sie nicht? Summen Sie die Wörter. Ihre Partnerin/Ihr Partner rät.

▶ Ich mag ●•

▷ Du magst Zucker!

f Schreiben Sie auf ein Kärtchen ein Essen oder ein Getränk mit seinem Artikel. Schreiben Sie unter das Wort das Akzentmuster. Bilden Sie einen Kreis mit den anderen Teilnehmerinnen und Teilnehmern. Der erste Teilnehmer sagt „Ich kaufe …“ und nennt das Wort, das auf seinem Kärtchen steht. Die zweite Teilnehmerin wiederholt das Gesagte und ergänzt das eigene Wort. Achten Sie auf die richtige Betonung.

▶ Ich kaufe einen Kuchen.

▷ Ich kaufe einen Kuchen und eine Paprika.

● Ich kaufe einen Kuchen, eine Paprika und Bananen.

1 Verkehrsmittel 1

a Ergänzen Sie das Kreuzworträtsel.

1

5

2

4

3

6

7

8

9

b Ergänzen Sie die Artikel im Akkusativ.

Ich nehme .... Zug.

Ich nehme .... U-Bahn.

Er nimmt .... Flugzeug.

Sie nimmt .... Straßenbahnen.

c Schreiben Sie die richtige Form von *nehmen* und unterstreichen Sie den richtigen Artikel.

1 Ich *nehme* .... den/die/das Auto.
2 Er .... den/die/das Bus.
3 Wir .... den/die/das Fahrrad.
4 Du .... den/die/das S-Bahn.
5 Ihr .... den/die/das Taxi.
6 Sie (Filiz und Mario) .... den/die/das Straßenbahn.
7 Sie (Elena) .... den/die/das Motorroller.

2 Ich fahre mit dem Zug. 2

a Ergänzen Sie.

ich *fahre*

du ....

er/sie/es ....

wir ....

ihr ....

sie/Sie ....

b Ergänzen Sie die Artikel im Dativ.

Ich fahre mit .... Zug.

Ich fahre mit .... U-Bahn.

Er fliegt mit .... Flugzeug.

Sie fährt mit .... Straßenbahnen Nummer 3 und Nummer 7.

c Ergänzen Sie die richtige Form von *fahren* und *dem* oder *der*.

1 Morgens ………… ich immer mit ………… Zug.

2 ………… du morgen mit ………… Auto?

3 Aha, Sie ………… also mit ………… Taxi. Gut.

4 Carlo und ich ………… manchmal mit ………… S-Bahn.

5 Mit ………… Straßenbahn ………… man 15 Minuten.

6 ………… ihr auch mit ………… Bus um 18.30 Uhr?

d Hören Sie die Sätze zur Kontrolle. 43

3 Nimmst du die U-Bahn? 2

a Ergänzen Sie die richtige Form von *nehmen* und *den, das* oder *die*. Hören Sie die Sätze zur Kontrolle. 44

1 ………… du morgen auch ………… Zug um 6.30 Uhr?

2 Super. Dann ………… wir ………… Straßenbahn Nummer 12.

3 Ich ………… montags immer ………… Motorroller.

4 Claudia und Ralf ………… ………… Bus um 15.30 Uhr.

5 Mein Mann ………… abends oft ………… U-Bahn.

6 ………… ihr auch ………… Fahrrad?

b Schreiben Sie Sätze.

1 heute | nehmen | ich | Straßenbahn — *Heute nehme ich die Straßenbahn.*

2 Die Frau | Auto | immer | fahren …………

3 du | manchmal | nehmen | Fahrrad …………

4 Klara und Hans | fahren | Bus …………

5 wir | Taxi | oft | nehmen …………

6 ihr | fahren | am Sonntag | Zug …………

7 Der Mann | gehen | zu Fuß …………

4 Wo ist was? 4

1 Wo ist das Auto? – *Das Auto ist neben dem* ....

2 Wo ist der Bus? – *Der Bus ist* .... *dem Auto.*

3 Wo ist das Fahrrad? – *Es ist* .... *Straßenbahn.*

4 Wo ist der Zug? – *Er ist* .... *Flugzeug.*

5 Wo ist die Straßenbahn? – ....

6 Wo ist das Flugzeug? – ....

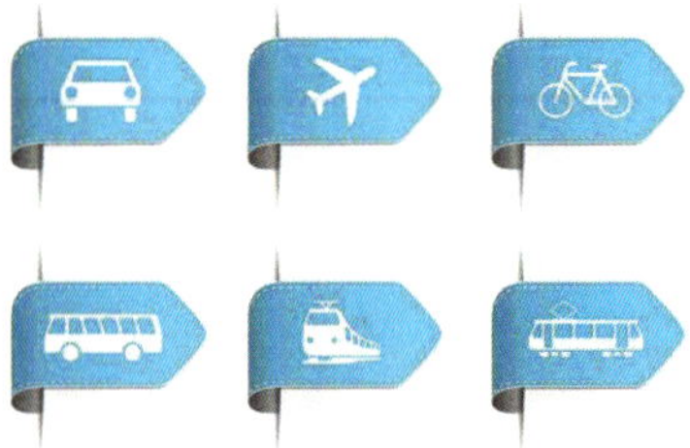

5 Öffentliche Gebäude 5

Schreiben Sie die Wörter mit dem Artikel.

Apothekekrankenkassekinobahnhofpolizeibibliothekcaféschwimmbadhotelvolkshochschulekirchebürger
büroschulebankrathauskrankenhausrestaurantjobcenterpostsupermarkt

die Apotheke, ...

....

....

6 Wo sind die Personen? 6

Ergänzen Sie die Sätze mit *in*.

1 Hans ist
in der Bibliothek

3 Caro und Klaus sind
....

5 Anna ist
....

2 Die Kinder sind
....

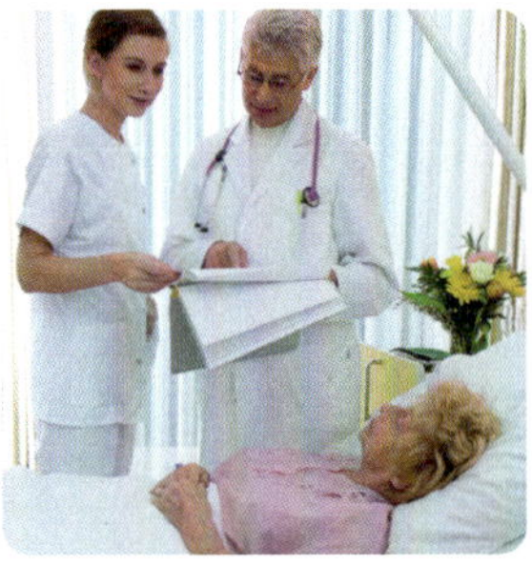

4 Die Frau ist
....

6 Die Frau und der Mann sind
....

7 Ordnen Sie zu! 8

1 Gregor ist in — d München.

1	Gregor ist in	a	Jobcenter.
2	Olivia ist im	b	Kirche.
3	Holger ist in der	c	Arzt.
4	Martin ist beim	d	München.

8 Wo sind die Personen? 8

Ergänzen Sie die Sätze mit einer Form von *bei*.

1 Die Ärztin ist *bei der Frau.*

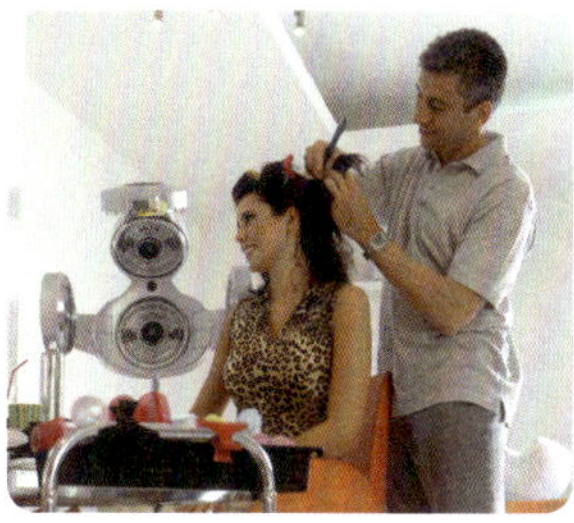

2 Die Frau ist ……

3 Das Kind ist ……

4 Claudia ist ……

9 Drei Dialoge 9

Hören Sie und schreiben Sie, wohin die Personen möchten und wie sie dorthin kommen. 45

1 1 Maxim möchte *zur Post*. Er fährt *mit dem Bus*.

2 Svetlana möchte ……. Sie fährt …….

2 3 Igor möchte ……. Er nimmt …….

4 Mia möchte ……. Sie nimmt …….

3 5 Luis möchte ……. Er nimmt …….

6 Clara möchte ……. Sie geht …….

10 Wohin gehen oder fahren Sie? 9

Apotheke | Arzt | Bahnhof | Bank | Bibliothek | Bürgerbüro | Bushaltestelle | Café | Friseur | Hotel | Jobcenter | Kino | Krankenhaus | Krankenkasse | Polizei | Post | Schule | Volkshochschule

zum	zur
...	...

11 Wo ist das Jobcenter, bitte? 10

46 **a** Hören Sie den Dialog. Ordnen Sie die Sätze.

- [ ] Wie komme ich zum Jobcenter?
- [1] Entschuldigung.
- [ ] Nehmen Sie die zweite Straße rechts.
- [ ] Ja?
- [ ] Das Jobcenter ist ungefähr 300 Meter hinter der Kreuzung links.
- [ ] Gehen Sie hier geradeaus.
- [ ] Gut, vielen Dank.
- [ ] Dann gehen Sie weiter geradeaus bis zur Kreuzung und weiter über die Kreuzung.
- [ ] Gern geschehen.

46 **b** Hören Sie den Dialog noch einmal zur Kontrolle.

12 Imperativ 11

Bilden Sie Sätze.

1 gehen: ....

2 nehmen: ....

3 fahren: ....

13 Nach dem Weg fragen 11

Schreiben Sie die Fragen.

1 Frage: *Entschuldigung. Wo ist die Post?*
Antwort: Gehen Sie immer geradeaus. Die Post ist links.

2 Frage: ....
Antwort: Fahren Sie mit der S-Bahn, Linie 6. Die Linie 6 fährt direkt zum Bahnhof.

3 Frage: ....
Antwort: Ja, hier ist ein Supermarkt. Gehen Sie geradeaus und die erste Straße rechts.

4 Frage: ....
Antwort: Die Volkshochschule ist ganz nah. Gehen Sie immer geradeaus.

5 Frage: ....
Antwort: Die Universität? Keine Ahnung!

14 Einen Weg beschreiben 11

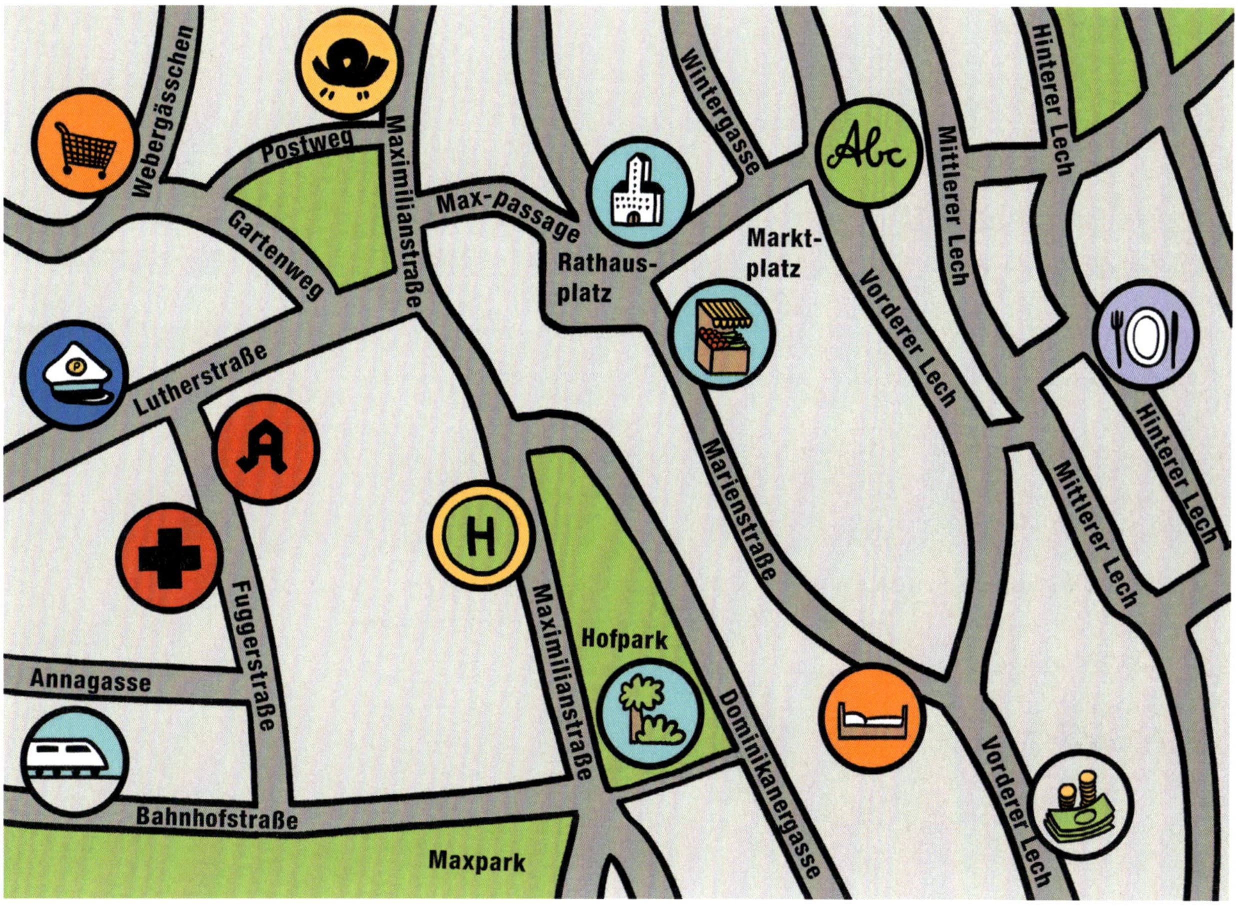

a Thomas kommt mit dem Zug an. Lesen Sie die drei Texte. Wohin geht er?

1 Gehen Sie geradeaus. Nehmen Sie die zweite Straße links. Das ist die Maximilianstraße. Gehen Sie 400 m geradeaus. Das Ziel ist links. Gute Fahrt! ....

2 Gehen Sie geradeaus. Nehmen Sie die erste Straße links. Das ist die Fuggerstraße. Gehen Sie weiter geradeaus. Das Ziel ist links. Gute Besserung! ....

3 Gehen Sie geradeaus. Nehmen Sie die zweite Straße links. Das ist die Maximilianstraße. Gehen Sie geradeaus und nehmen dann die zweite Straße rechts. Das ist die Max-Passage. Gehen Sie geradeaus und dann über den Rathausplatz rechts in die Marienstraße. Gehen Sie weiter geradeaus. Das Ziel ist rechts. Gute Nacht! ....

b Beschreiben Sie die Wege. Benutzen Sie den Stadtplan.

1 Wie komme ich von der Bushaltestelle zur Schule?

....

....

2 Wie komme ich vom Supermarkt zum Markt?

....

....

Lernwortschatz

Ergänzen Sie die Pluralformen.

Verkehrsmittel

das Auto
der Bus
das Fahrrad
die S-Bahn
die Straßenbahn
der Zug
zu Fuß

Verben

fahren
gehen
nehmen

Gebäude/Einrichtungen/Plätze

Wo ist was in Ihrer Stadt?

die Apotheke — *Die Apotheke ist in der Marktstraße.*
der Bahnhof
die Bank
die Bibliothek
das Bürgerbüro
die Bushaltestelle
das Café
das Jobcenter
das Kino
die Kirche
das Krankenhaus
die Krankenkasse
der Park
die Polizei
die Post
das Rathaus
das Restaurant
die Schule
das Schwimmbad
der Supermarkt
die Volkshochschule (VHS)

Berufe

der Arzt, die Ärztin
der Friseur, die Friseurin

Wegbeschreibung

geradeaus
links
rechts
die Ampel
die Kreuzung

1 Berufe 1

a Mann oder Frau? Ergänzen Sie.

	♂	♀		♂	♀
1	....	Bäckerin	(!) 7	....	Krankenschwester oder Krankenpflegerin
2	Lehrer	....	(!) 8	Bürokaufmann	....
3	....	Kellnerin			
4	Automechatroniker	....			
5	....	Ärztin			
6	Sänger	....			

b Wer arbeitet wo? Schreiben Sie.

~~die Lehrerin~~ | der Bäcker | der Krankenpfleger | der Arzt | die Bürokauffrau | die Kellnerin | der Automechatroniker

im Restaurant | im Krankenhaus | in der Schule | in der Bäckerei | in der Werkstatt | im Büro

1 *Die Lehrerin arbeitet in ...* .

2 ....

3 ....

4 ....

5 ....

6 ....

7 ....

2 Tätigkeiten im Beruf 1

a Was passt zusammen? Verbinden Sie.

1	kranke Menschen	a	backen
2	Autos	b	telefonieren
3	Brot und Brötchen	c	servieren
4	Hausaufgaben	d	pflegen
5	mit Kunden	e	reparieren
6	am Computer	f	korrigieren
7	das Essen	g	arbeiten

b Ergänzen Sie die Sätze mit Verben aus Übung 2a.

1 Petra arbeitet im Krankenhaus. Sie *pflegt* kranke Menschen.

2 Herr Yildirim ist Bäcker. Er steht immer früh auf und .... in der Nacht Brot und Brötchen.

3 Julia ist Bürokauffrau. Die Arbeit ist nie langweilig, sie .... oft mit Kunden und .... viel am Computer.

4 Frau Weber arbeitet in einem Restaurant. Sie .... Essen und Getränke.

5 Murat arbeitet in einer Werkstatt. Er .... Fahrräder.

6 Herr Lohmann ist unser Kursleiter. Er unterrichtet und .... die Hausaufgaben.

3 Ich habe eine neue Arbeit! 3

Lesen Sie die Nachricht. Sind die Aussagen 1–5 richtig oder falsch? Kreuzen Sie an.

Hallo Julia,
wie geht es dir? Du, ich habe eine neue Arbeit! Super. Du weißt, ich habe eine Ausbildung als Krankenpflegerin und jetzt arbeite ich hier im Krankenhaus Mitte als Krankenschwester. Die Arbeit ist interessant. Ich habe aber auch viel Stress. Meine Arbeitstage sind lang. Manchmal habe ich Nachtdienst und oft habe ich am Wochenende nicht frei.
Aber ich mache meine Arbeit gern, ich arbeite gern mit und für Menschen und die Kollegen sind sehr nett.
Und wie geht es dir? Was macht dein Deutschkurs? Schreib doch mal wieder.
Liebe Grüße
Petra

		✓	✗
1	Petra macht eine Ausbildung.	☐	☐
2	Petra mag ihre Arbeit.	☐	☐
3	Sie findet die Arbeit nicht langweilig.	☐	☐
4	Petra arbeitet immer nachts.	☐	☐
5	Petra lernt Deutsch.	☐	☐

4 Meine Arbeit 3

a Was passt zusammen? Verbinden Sie.

1	Ich arbeite als Koch	a	eine Ausbildung im Hotel.
2	Ich habe im Moment	b	Ich bin Hausfrau.
3	Ich gehe	c	noch zur Schule.
4	Ich arbeite zu Hause.	d	in einem Restaurant.
5	Ich studiere	e	keine Arbeit.
6	Ich lerne noch und mache	f	an der Universität.

b Schreiben Sie die Sätze aus 4a.

1 *Ich arbeite als Koch in einem Restaurant.*

2 ……

3 ……

4 ……

5 ……

6 ……

c Und Sie? Schreiben Sie Sätze wie in 4b.

……

……

……

5 *Können* und *müssen* 5–6

a Ergänzen Sie die Tabelle. 6

	können	müssen
ich	*kann*	
du		
er/sie/es		
wir		
ihr		*müsst*
sie/Sie		

b Ergänzen Sie die richtigen Verbformen von *können*. 6

1 .... Sie gut kochen?

Ja, ich .... kochen. Ich bin Köchin von Beruf.

2 .... du Gitarre spielen, Sara?

Nein, das .... ich nicht. Aber ich .... singen.

3 .... ihr auch Englisch sprechen?

Ja, wir .... Englisch sprechen. Pedro .... auch Spanisch und etwas Italienisch sprechen.

c Ergänzen Sie die richtigen Verbformen von *müssen*. 6

1 .... du am Wochenende arbeiten?

Ja, am Samstag .... ich in die Werkstatt gehen. Am Sonntag habe ich frei.

2 .... ihr noch Hausaufgaben machen?

Ja, wir .... einen Text lesen.

3 .... Sie auch nachts arbeiten?

Ich nicht, aber mein Mann ist Taxifahrer. Er .... manchmal auch nachts Taxi fahren.

6 *Müssen oder können?* 5-6

1 Kannst/Musst du gut kochen? – Ja. Ich habe eine Ausbildung als Köchin.

2 Kannst/Musst du morgen früh aufstehen? – Ja, schon um 5 Uhr.

3 Können/Müssen Sie Auto fahren? – Ja, ich bin Busfahrer von Beruf.

4 Könnt/Müsst ihr am Wochenende arbeiten? – Nein, am Wochenende haben wir frei.

5 Kann/Muss Walter Gitarre spielen? – Ja. Walter spielt auch Klavier.

7 Wie heißt der Satz richtig? 5-6

1 Ich | am Wochenende | oft | arbeiten | muss | .

....

2 Murat | gut | Brot | kann | backen | .

....

3 Wir | das Auto | reparieren | müssen | .

....

4 Paolo | gut | Deutsch | lesen und schreiben | kann | .

....

5 Er | leider | noch nicht | kann | sprechen | so gut | .

....

6 Wann | Sie | kommen | können | ?

....

7 Ich | bis 6 Uhr | arbeiten | . | muss | Ich | Nachtdienst | . | habe (zwei Sätze)

....

8 Der Arzt | auch | muss | arbeiten | am Wochenende | .

....

8 Ein Interview mit Frau Jankowska 7

a Welche Antworten passen zu den Fragen? Nummerieren Sie.

1 Frau Jankowska, was sind Sie von Beruf?

2 Ist die Arbeit interessant?

3 Sie haben also viel Stress.

4 Und wie sind Ihre Arbeitszeiten?

5 Und bis wann müssen Sie heute arbeiten?

☐ Ja, das ist richtig. Ich arbeite aber gern mit Menschen und die Kollegen sind alle sehr nett.

☐ Heute ist Samstag. Da kann ich schon um 14 Uhr nach Hause.

☐ Naja, langweilig ist die Arbeit nicht. Ich habe immer viel zu tun. Ich arbeite in der Küche, manchmal serviere ich Essen und Getränke, abends muss ich auch noch putzen.

[1] Ich arbeite in der Kantine in einem Büro.

☐ Ich fange morgens um 9 Uhr an und bin um 18 Uhr fertig. Manchmal muss ich bis 20 Uhr arbeiten, aber nicht oft.

b Hören Sie den Dialog zur Kontrolle. 47

9 Welche Anzeige passt? 8

Lesen Sie die Texte und die Aufgaben 1–4. Kreuzen Sie an: a oder b?

1 Sie sind Koch und suchen Arbeit.

www.restaurant-vier-jahreszeiten.de Wir suchen eine Köchin/einen Koch. Restaurant Vier Jahreszeiten Arbeitszeiten: Sa/So 9–21 Uhr	www.frankfurt-restaurants.de Frankfurt Essen und Trinken. Restaurant-Tipps. Hier finden Sie gute Restaurants.

a ☐ www.restaurant-4-jahreszeiten.de b ☐ www.frankfurt-restaurants.de

2 Ihr Fahrrad ist kaputt. Sie suchen eine Werkstatt.

www.derfahrradladen.de Sie suchen ein neues Fahrrad? Alle Modelle finden Sie bei uns zu kleinen Preisen.	www.fahrrad-schulze.de Fahrrad-Mechanik Schulze. Wir reparieren alle Fahrräder schnell und zuverlässig.

a ☐ www.derfahrradladen.de b ☐ www.fahrrad-schulze.de

3 Sie möchten den Führerschein machen.

www.fahrservice.de Gesucht: Fahrer mit Führerschein für Stadtfahrten	www.Fahrschule-Mitte.de. Sie haben noch keinen Führerschein? Kommen Sie zu uns. Flexible Kurszeiten

a ☐ www.fahrservice.de b ☐ www.Fahrschule-Mitte.de

4 Sie möchten als Aushilfe in einem Supermarkt arbeiten.

www.eurodiscount.de Wir suchen flexible Mitarbeiter zu flexiblen Arbeitszeiten. Sofort melden!	www.lh-supermarkt.de Ausbildung zum Einzelhandelskaufmann/zur Einzelhandelskauffrau. Plätze ab 1.9. frei!

a ☐ www.eurodiscount.de b ☐ www.lh-supermarkt.de

10 Welche Reaktion ist richtig? 8

48 Hören Sie und kreuzen Sie an.

1 a ☐ Ja, gern von Montag bis Freitag. b ☐ Lieber von Montag bis Freitag. c ☐ Vormittags.

2 a ☐ Am Montag. b ☐ Von 8 bis 17 Uhr. c ☐ Nur bis 15 Uhr.

3 a ☐ Zu Fuß. b ☐ Mit der Straßenbahn. c ☐ Mit dem Fahrrad.

4 a ☐ Bitte schön. b ☐ Ja, natürlich. c ☐ Ja, ich arbeite schnell.

11 *I* oder *ü*?

a Hören Sie und ergänzen Sie die Wörter. 49

1 Nachbar: Wann fr__hst __cken Sie morgens?

Nachbarin: __mmer schon um f__nf. Ich arbeite im Krankenhaus und muss sehr fr__h mit der Arbeit beg__nnen. Ich tr__nke nur einen Kaffee mit M__lch.

2 Nachbarin: Haben Sie einen F__hrerschein?

Nachbar: Ja, ich b__n Tax__fahrer.

b Hören Sie noch einmal und sprechen Sie nach. 49

12 *E* oder *ö*?

a Hören Sie und ergänzen Sie die Wörter. 50

1 K__nnen Sie als K__llnerin bei uns arbeiten?

2 Doro arbeitet als K__chin im R__staurant.

3 Ich m__chte fl__xibel arbeiten.

4 Wir k__nnen schon perf__kt Deutsch sprechen.

TIPP

Noch mehr Übungen zur Aussprache finden Sie im *Aussprachetraining*.

b Hören Sie noch einmal und sprechen Sie nach. 50

13 *Ei* oder *ie*?

a Hören Sie und ergänzen Sie die Wörter. 51

Handwerker: Haben Sie am D____nstagmittag Z____t?

Ich kann dann kommen und die Tür repar____ren.

Kunde: N____n, l____der nicht. Ich arb____te bis s____ben Uhr abends.

Aber am Fr____tag habe ich schon um vier Uhr Feierabend.

b Hören Sie noch einmal und sprechen Sie nach. 51

14 Diktat. Hören Sie und schreiben Sie die Sätze in Ihr Heft. 52

Lernwortschatz

Berufe

der Beruf — *Was sind Sie von Beruf?*
Ich bin …/Ich arbeite als …
der Arzt, die Ärztin
die Aushilfe
der Bäcker, die Bäckerin
der Bürokaufmann, die Bürokauffrau
der Fußballspieler, die Fußballspielerin
der Hausmann, die Hausfrau
der Kassierer, die Kassiererin
der Kellner, die Kellnerin
der Rentner, die Rentnerin
der Schüler, die Schülerin
der Student, die Studentin

der Kfz-Mechatroniker, die Kfz-Mechatronikerin
der Koch, die Köchin
der Krankenpfleger, die Krankenpflegerin/
die Krankenschwester
der Lehrer, die Lehrerin
der Musiklehrer, die Musiklehrerin
der Pizzafahrer, die Pizzafahrerin
der Taxifahrer, die Taxifahrerin
der Techniker, die Technikerin

Arbeitsorte

Wer arbeitet wo?

Wo arbeiten Sie?
die Bäckerei
das Büro
das Krankenhaus
das Restaurant — *Die Kellnerin arbeitet im Restaurant.*
die Werkstatt

Am Arbeitsplatz

der Arbeitstag
die Ausbildung
die Aushilfe
der Kollege/die Kollegin
mit Menschen zusammenarbeiten
die Mittagspause
der Nachtdienst
Stress haben
der Feierabend
frei haben
der Führerschein

Tätigkeiten

Schreiben Sie: Wer macht das?

backen
am Computer arbeiten
pflegen
reparieren
servieren
telefonieren
unterrichten

1 Körperteile 8

a Wie heißen die Körperteile? Finden Sie 20 Wörter waagerecht (→) und senkrecht (↓). Schreiben Sie die Wörter mit den Artikeln.

W	M	P	A	R	M	S	Y	Z	E	H	A	N
P	B	R	U	S	T	K	G	A	N	A	U	A
Q	E	H	A	O	H	R	E	H	M	N	G	S
R	Ü	C	K	E	N	K	E	N	L	D	E	E
B	E	I	N	V	H	A	L	S	N	O	Y	T
O	Q	H	I	M	U	N	D	T	D	Q	V	B
S	C	X	E	L	L	B	O	G	E	N	P	F
S	C	H	U	L	T	E	R	F	K	O	P	F
W	A	H	A	A	R	E	B	A	U	C	H	U
X	F	I	N	G	E	R	H	ß	Q	R	V	ß

das Auge, ……………………

……………………

……………………

……………………

b Was haben Sie einmal, zweimal, zehnmal? Ergänzen Sie.

1 Ich habe *einen Kopf, einen Bauch,* ……………………

2 Ich habe zwei ……………………

3 Ich habe zehn ……………………

c Was passt nicht? Streichen Sie durch.

1 das Ohr | das Auge | die Nase | ~~der Rücken~~

2 die Schulter | der Fuß | der Bauch | der Ellbogen

3 der Fuß | das Bein | der Finger | das Knie

4 die Hand | der Zeh | der Finger | der Arm

5 der Kopf | die Brust | die Haare | der Mund

2 Mir geht es nicht gut. 2

a Ergänzen Sie die Sätze.

1 Ich habe Kopfschmerzen. *Mein Kopf tut weh.*

2 Ich habe Halsschmerzen. Mein ……

3 Ich habe Bauchschmerzen. Mein ……

4 Ich habe Ohrenschmerzen. Meine ……

5 Ich habe Zahnschmerzen. Meine ……

53 **b** Hören Sie zur Kontrolle und sprechen Sie nach.

3 *Mein/meine* oder *dein/deine*? 2

Was ist richtig? Ergänzen Sie.

▶ Hallo, Martin. Wie geht es dir? Hast du Schmerzen?

▷ Ja, …… Rücken und …… Beine tun weh.

▶ …… Rücken tut ja sehr oft weh. Und …… Beine auch. Geh zum Arzt.

4 *Ihr/ihre* oder *sein/seine*? 3

1 Tom ist krank. …… Kopf, …… Hals und …… Ohren tun weh.
Er geht zum Arzt. …… Arzt ist Doktor Schmidt.

2 Maria ist auch krank. …… Zähne und …… Kopf tun weh.
…… Arzt ist Doktor Schneider.

3 Haben Sie die Adresse von Herrn Doktor Schneider?
Ja, …… Adresse ist Kahlstraße 12. …… Telefonnummer ist 45 33 21.
Er arbeitet mit einer Kollegin, Frau Rausch, …… Adresse ist auch Kahlstraße 12, aber …… Telefonnummer ist 45 33 22.

5 *Mein/meine* oder *dein/deine*? 2–3

1 ▶ Hallo Tom und Julia. Wie ist …… Adresse?
▷ Wir wohnen in der Schlossstraße 5. …… Haus ist rosa.

2 ▶ Herr Souda, wann ist …… Deutschkurs?
▷ …… Kurs ist Montag bis Freitag, immer von 9 bis 12 Uhr.

3 ▶ Ewa, ist das …… Wörterbuch?
▷ Nein, das ist das Wörterbuch von Tim. Das ist …… Wörterbuch.

der Kurs/die Adresse/ das Haus/die Adressen

ich	mein	meine
du	dein	deine
er	sein	seine
sie	ihr	ihre
wir	unser	unsere
ihr	euer	eure
sie	ihr	ihre
Sie	Ihr	Ihre

4 Bibi und Maria wohnen jetzt schon zwei Jahre in Deutschland. .... Wohnung ist groß und schön.

5 Herr Dang arbeitet im Krankenhaus. Er mag .... Arbeit, aber er hat oft Nachtdienst. .... Arbeitstag ist sehr lang. .... Frau arbeitet auch im Krankenhaus. Auch .... Arbeitstag ist lang. Beide finden .... Arbeit interessant.

6 Bist du krank? 4

a Schreiben Sie die Sätze richtig. Welche Wörter schreibt man groß, welche klein? Ergänzen Sie auch Fragezeichen (?) oder Punkte (.) am Satzende.

Kursteilnehmerin: hastduschmerzen ....

Kursteilnehmer: jameinrückentutweh ....

Kursteilnehmerin: undwasmachstdu ....

nimmstdutabletten ....

Kursteilnehmer: ichgehemorgenzumarzt ....

b Hören Sie die Sätze zur Kontrolle. 54

7 Rund um die Gesundheit 5

a Wohin gehen Sie zuerst? Wohin dann? Nummerieren Sie. — Was machen Sie wo? Ordnen Sie zu.

- ☐ die Apotheke — eine Krankmeldung bekommen
- ☐ die Rezeption — ein Medikament kaufen
- ☐ der Hausarzt — warten
- ☐ das Wartezimmer — über meine Krankheit sprechen

b Schreiben Sie einen Text mit diesen Informationen.

Ich bin krank. Ich gehe zum Hausarzt. Dort ... .

....

....

c Wo müssen Sie Ihre Gesundheitskarte zeigen? Kreuzen Sie an.

☐ in der Apotheke ☐ beim Arzt ☐ im Krankenhaus ☐ im Wartezimmer

8 Beim Arzt 6

a Was passt? Verbinden Sie.

1	das Warte	a	hilfe
2	das Kranken	b	haus
3	die Krank	c	stunde
4	die Gesundheits	d	weisung
5	die Sprechstunden	e	karte
6	der Haus	f	zimmer
7	die Über	g	arzt
8	die Sprech	h	meldung

b Ergänzen Sie die Sätze mit Wörtern aus 8a.

1 Frau Pop arbeitet als ………………………… bei Doktor Schneider.

2 Herr Schneider ist ………………………….

3 Lola hat Rückenschmerzen. Der Hausarzt gibt eine ………………………… zum Facharzt.

4 Beim Arzt braucht man immer die ………………………….

5 Für die Arbeit braucht man eine ………………………….

6 Doktor Schneider hat immer von 9 bis 12 und von 13 bis 17 Uhr ………………………….

7 Sie müssen noch warten. Bitte gehen Sie ins ………………………….

9 Gesundheitstipps 6

a Was sollst du machen? Was sollen Sie machen? Schreiben Sie Sätze.

1	Mein Hals tut weh. (zum Arzt gehen)	Geh zum Arzt.	Gehen Sie zum Arzt.
2	Ich habe Rückenschmerzen. (Sport machen)	…………	…………
3	Ich habe Fieber. (eine Tablette nehmen)	…………	…………
4	Ich habe eine Erkältung. (im Bett bleiben)	…………	…………

b Was sollt ihr machen? Schreiben Sie Sätze.

1 Wir haben ein Rezept.
(in die Apotheke gehen) *Geht in die Apotheke.*

2 Wir müssen zum Arzt gehen.
(einen Termin machen) ……

3 Wir sind immer müde.
(Kaffee trinken) ……

4 Wir mögen keinen Kaffee.
(einen Tee nehmen) ……

10 *Sollen und dürfen* 7–8

a Ergänzen Sie die Tabelle.

	sollen	dürfen
ich	*soll*	
du		
er/sie/es		
wir		
ihr		*dürft*
sie/Sie		

b Ergänzen Sie die richtigen Verbformen von *sollen*.

1 Ich muss in die Apotheke gehen. Der Arzt sagt, ich …… in die Apotheke gehen.

2 Ihr müsst den Verband wechseln. Der Arzt sagt, ihr …… den Verband wechseln.

3 Pepin und Jasmin müssen zum Arzt gehen. Die Lehrerin sagt, Pepin und Jasmin …… zum Arzt gehen.

4 Tomek muss im Bett bleiben. Der Arzt sagt, Tomek …… im Bett bleiben.

5 Du musst die Salbe nehmen. Der Arzt sagt, du …… die Salbe nehmen.

c Ergänzen Sie die richtigen Verbformen von *dürfen*.

1 Beata und Tomek sind krank. Sie …… keinen Kaffee trinken.

2 Julia …… heute nicht arbeiten.

3 …… du Sport machen? Nein, das …… ich nicht. Ich muss im Bett bleiben.

4 Herr Schulz, …… Sie heute nach Hause?

Nein, ich …… noch nicht nach Hause. Ich muss noch zwei Tage im Krankenhaus bleiben.

5 …… wir heute fünf Minuten länger Pause machen?

11 Sätze mit Modalverben 8

Schreiben Sie die Sätze richtig.

1 Der Arzt sagt, ich | keinen Kaffee | soll | trinken | .

2 Was | ich | machen | soll | ? | Darf | heute | arbeiten | ich | ?

3 Der Arzt sagt, | sollst | du | bleiben | im Bett | .

4 Ich | muss | gehen | zum Arzt | heute.

5 Wir | die Tabletten | müssen | nehmen | immer nach dem Essen.

12 Sie hören Nachrichten am Telefon. 10

55

Welche Aussage ist richtig? Kreuzen Sie an: a, b oder c.

1 Wann soll Herr Kowalski zum Arzt gehen?
a ☐ Am Dienstag.
b ☐ Am Mittwoch.
c ☐ Am Montag.

2 Wann hat der Arzt keine Sprechstunde?
a ☐ Am Freitagnachmittag.
b ☐ Am Freitagvormittag.
c ☐ Am Montagnachmittag.

3 Wann soll Frau Okoye beim Arzt anrufen?
a ☐ Heute.
b ☐ Morgen um 14.00 Uhr.
c ☐ Morgen um 14.30 Uhr.

13 Termine 10

Welche Reaktion ist richtig? Hören Sie und kreuzen Sie an. 56

1

a ☐ Ja, ich kann meinen Termin verschieben.
b ☐ Ja, ich kann leider nicht kommen.
c ☐ Ja, möchten Sie einen neuen Termin?

2

a ☐ Ja, das passt gut.
b ☐ Ja, es geht mir gut.
c ☐ Ja, um 10 Uhr.

14 Krankmeldungen 11–12

a Ergänzen Sie die Lücken.

Erkältung | Krankmeldung | freundlichen | geehrte | kann | soll | krank

An	schreiber@haus-aja.de
Von	joana@okoyenet.de
Betreff	Krankmeldung

Sehr ………… Frau Schreiber,

ich ………… morgen leider nicht zum Praktikum kommen. Ich bin ………… und habe eine ………… und Fieber.

Der Arzt sagt, ich ………… im Bett bleiben.

Meine ………… erhalten Sie von der Krankenkasse.

Mit ………… Grüßen

…………

b Sie machen ein Praktikum. Sie haben Rückenschmerzen. Sie können nicht arbeiten. Schreiben Sie eine Entschuldigung an Ihre Praktikumsbetreuerin Frau Schulze.

Schreiben Sie etwas zu den folgenden Punkten:
warum Sie nicht kommen können
wann Sie wieder kommen können
Krankmeldung von der Krankenkasse

Sehr geehrte Frau Schulze, …

…………

…………

Lernwortschatz

Notieren Sie die Pluralformen.

Der Körper

der Arm
das Auge
der Bauch
das Bein
der Finger
der Fuß
das Gesicht
die Hand
der Kopf
der Mund
die Nase
das Ohr
der Rücken

Krankheiten

krank
die Erkältung
das Fieber
die Grippe
der Schmerz
der Schnupfen
Gute Besserung!

Wie heißt das in Ihrer Sprache? Übersetzen Sie.

Beim Arzt

die Gesundheitskarte
die Krankmeldung
die Sprechstunde
der Termin
einen Termin machen/absagen/verschieben
die Untersuchung
das Wartezimmer

In der Apotheke

die Apotheke
der Hustensaft
das Rezept
die Tablette
die Tropfen (Pl.)

Verben

atmen
bringen
holen
nehmen
schmerzen
warten
wehtun
wiederkommen

1 Was macht man vor dem Urlaub? [1]

Sie fahren nächste Woche in Urlaub. Was müssen/möchten Sie vorher machen? Was machen andere Leute vor dem Urlaub? Machen Sie Notizen.

Wäsche waschen, Koffer ...

2 Marie ist müde. [1]

Lesen Sie den Dialog (Aufgabe 1a in Lektion 10) noch einmal. Beantworten Sie die Fragen.

1 Warum ist Marie müde? ……

2 Wann hat Marie gearbeitet? ……

3 Warum hat sie viel gearbeitet? ……

4 Wohin geht Marie nach dem Gespräch? ……

3 Was haben sie gemacht? [1]

a Ergänzen Sie die Sätze.

gekocht | gearbeitet | ~~geheiratet~~ | geschlafen | fotografiert | gepackt

1 Gestern hat Pedro seine Freundin *geheiratet*.

2 Er hat viele Fotos gemacht, auch seine Freunde haben …… .

3 Dann haben sie die Koffer …… . Jetzt fahren sie in den Urlaub.

4 Marie ist müde. Gestern hat sie lange …… .

5 Heute hat sie sehr schlecht …… .

6 Dann hat sie erst einmal einen Kaffee …… .

gebacken | gespielt | gekauft | geputzt | repariert | telefoniert

7 Julia hat heute frei. Sie hat heute lange mit ihrer Mutter …… .

8 Sie hat heute im Supermarkt Lebensmittel …… .

9 Dann hat sie einen Kuchen …… .

10 Am Nachmittag hat sie die Wohnung ______.

11 Danach hat sie ihr Fahrrad ______.

12 Am Abend hat sie Volleyball ______. Jetzt ist sie müde.

c Schreiben Sie die Partizipien aus 3a und ergänzen Sie die Infinitive.

1 *geheiratet – heiraten*
2 ______
3 ______
4 ______
5 ______
6 ______
7 ______
8 ______
9 ______
10 ______
11 ______
12 ______

4 Wo stehen die Wörter? 1

Schreiben Sie die Sätze in die Tabelle.

1 Paula | die Hausaufgaben | hat | gemacht
2 Ich | gebacken | habe | am Freitag einen Kuchen
3 letzte Woche nicht | Wir | gearbeitet | haben
4 Am Sonntag | ich | habe | geschlafen | sehr lange
5 Ludmilla | heute im Supermarkt Blumen | hat | gekauft

	Verb 1		Verb 2 (Partizip)
1 *Paula*	*hat*	*die Hausaufgaben*	*gemacht.*
2			
3			
4			
5			

5 Haben 2

Ergänzen Sie die Tabelle.

haben			
ich	*habe*	wir	
du		ihr	
er/sie/es		sie/Sie	

6 Schreiben Sie die Sätze im Perfekt. 2

1 Ich mache viel. *Ich habe viel gemacht.*
2 Ich kaufe ein Auto.
3 Wir frühstücken um 9 Uhr.
4 Du arbeitest sehr viel.
5 Ihr putzt die Wohnung.
6 Rabia und Miguel backen einen Kuchen.

7 Zeitangaben 2

Ordnen Sie die Zeitangaben.

heute | gestern | vorgestern | letzte Woche | übermorgen | letzten Monat | letztes Jahr | morgen | früher | in 10 Jahren

früher →

→ in zehn Jahren

8 Ich habe ... 3

Ergänzen Sie die Tabelle.

ich habe ...		ich habe ...	
machen	*gemacht*	lesen	
hören		essen	
lernen		schreiben	
sehen		telefonieren	

9 Wie heißen die Fragen? 3

Schreiben Sie in der *Sie*- und in der *du*-Form.

1 *Haben Sie gut geschlafen?* ?
Hast du gut geschlafen? ? Ja, ich habe gut geschlafen.
2 ?
? Ja, ich habe letztes Jahr geheiratet.
3 *Wann haben* ?
? Ich habe am 1. Dezember geheiratet.
4 *Wo* ?
? Ich habe bei der Firma Siemens gearbeitet.
5 ?
? Nein, ich habe gestern nicht viel telefoniert.

10 Aktivitäten

Was passt? Kreuzen Sie an.

	backen	essen	hören	kochen	lesen	lernen	machen	sehen
Hausaufgaben							X	
einen Film								
Sport								
einen Kaffee								
ein Buch								
Zeitung								
einen Kuchen								
eine Suppe								
Deutsch								
E-Mails								
Musik								
Wörter								
Freunde								

11 Was haben Sie gestern gemacht?

Schreiben Sie Sätze. Benutzen Sie Wörter aus dem Kasten.

gemacht | gelernt | gehört | gesehen | gelesen | geschrieben | gekocht | gegessen | gebacken | gearbeitet | geschlafen | gekauft | geputzt | repariert | gespielt

12 Perfekt mit *sein* 4–5

a Ergänzen Sie die Tabellen.

ich bin	
fahren	*gefahren*
gehen	
kommen	

sein			
ich	*bin*	wir	
du		ihr	
er/sie/es		sie/Sie	

b Schreiben Sie die Sätze im Perfekt.

1 Wir fahren nach Berlin. *Wir sind nach Berlin gefahren.*

2 Paola geht zum Deutschkurs. ......

3 Wir gehen am Nachmittag spazieren. ......

4 Am Abend kommen unsere Freunde. ......

5 Ich fahre am Wochenende Fahrrad. ......

6 Fahren Sie nach Leipzig? ......

7 Wann gehst du ins Kino? ......

13 *Haben oder sein?* 7

a Ergänzen Sie das Partizip und *haben* oder *sein* in der richtigen Form.

Von	lschaefer@mail.de
An	julia.hoffmann@mail.com
Betreff	Urlaubsgrüße

Liebe Julia,

viele Grüße aus dem Urlaub. Wir sind an der Nordsee, auf der Insel Borkum. Es ist sehr schön hier. Wir ...... sehr viel ......1 (machen). Wir ...... viel Fahrrad ......2 (fahren) und wir ...... den ganzen Tag am Strand spazieren ......3 (gehen). Natürlich ...... wir auch sehr gut ......4 (essen). Letzte Woche ...... wir auch die Stadt Emden ......5 (sehen). Nach Emden ...... wir mit dem Schiff ......6 (fahren). Leider bin ich etwas krank, ich ...... die letzten Tage nicht gut ......7 (schlafen). Gestern ...... ich schon sehr früh ins Bett ......8 (gehen). Aber jetzt geht es mir schon wieder gut.

Bis bald

Lola

PS: Ich ...... superschöne Fotos ......9 (machen)!!!

b Hören Sie zur Kontrolle. Julia liest die E-Mail ihrem Freund vor. 57

c Lesen Sie die E-Mail noch einmal. Sind die Aussagen richtig oder falsch? Kreuzen Sie an.

		✓	✗
1	Lola ist in Süddeutschland.	☐	☐
2	Lola schmeckt das Essen.	☐	☐
3	Lola hat fotografiert.	☐	☐

14 Ich war im Urlaub. 9

a Ergänzen Sie die Tabelle mit den richtigen Formen von *sein*.

sein		
	Präsens	**Präteritum**
ich		
du		
er/sie/es	*ist*	
wir		*waren*
ihr		*wart*
sie/Sie		

b Ergänzen Sie die richtigen Formen von *sein*.

1 In Rumänien .... ich Studentin, heute .... ich Krankenpflegerin.

2 Gestern .... wir im Kino. .... ihr auch dort?

15 Wie heißt die Verbform? 11

haben		
	Präsens	**Präteritum**
ich		*hatte*
du	*hast*	
er/sie/es		
wir		
ihr		
sie/Sie		*hatten*

16 *Sein* und *haben* 11

Ergänzen Sie die richtigen Formen.

1 ▶ .... Sie letzten Monat einen schönen Urlaub am Meer, Frau Groß?

▷ Ja, ich .... einen sehr schönen Urlaub. Leider .... ich allein am Meer. Mein Mann .... keine Zeit.

2 ▶ .... du schon mal in Berlin, Martin?

▷ Ja, ich .... schon oft da.

17 Wohin fährt Lucy? Wo waren Robert und Ella? 11

Was ist richtig? Kreuzen Sie an: a, b oder c. Sie hören jeden Text zweimal. 58

1 Wo möchte Lucy Urlaub machen?
a ☐ Am Meer
b ☐ Am Strand
c ☐ In den Bergen

2 Wo war Robert noch nie?
a ☐ In Berlin
b ☐ In Hamburg
c ☐ In München

3 Wo war Ella am Wochenende?
a ☐ Im Café
b ☐ Im Kino
c ☐ Im Schwimmbad

18 Hören und sprechen 11

Hören und sprechen Sie die Sätze nach. 59

1 Ich bin gefahren.
Ich bin nach Berlin gefahren.
Ich bin letztes Jahr nach Berlin gefahren.

2 Ich habe gekauft.
Ich habe Brot und Brötchen gekauft.
Ich habe Brot, Brötchen und Kaffee gekauft.
Ich habe Brot, Brötchen, Kaffee und Milch gekauft.
Ich habe Brot, Brötchen, Kaffee und Milch im Supermarkt gekauft.

3 Haben Sie das Meer gesehen?
Haben Sie das Meer und den Strand gesehen?
Haben Sie das Meer, den Strand und die Seehunde gesehen?

19 Was haben Sie gemacht? 11

Schreiben Sie Sätze im Perfekt. Benutzen Sie die passenden Präpositionen.

in die | mit dem | ~~mit der~~ | zum

1 Ich | Straßenbahn | fahren.
Ich bin mit der Straßenbahn gefahren.

2 Ich | Markt | gehen.
....

3 Du | Bus | fahren.
....

4 Du | Schule | kommen.
....

Lernwortschatz

Finden Sie die Pluralformen.

Urlaub und Reisen

der Berg — *die Berge*
das Fahrrad
das Hotel
die Insel
der Koffer
die Natur, -
das Meer
die Postkarte
das Schiff
der Strand
das Tier
der Tourist
die Touristin
der Urlaub
das Wetter, -

Gute Reise!

Zeitangaben

heute
gestern
vorgestern
früher
letzte Woche
letzten Monat
letztes Jahr
am Wochenende
der Monat
die Woche
der Tag

schon
noch nie

Schreiben Sie Sätze im Perfekt.

Verben

fotografieren — *Letzte Woche habe ich viel fotografiert.*
freihaben
Fußball spielen
heiraten
Koffer packen
putzen
reparieren
Ski fahren
Spaß haben
spazieren gehen
Sport machen
Tennis spielen
viel zu tun haben
Zeit haben

1 Kleidungsstücke

a Finden Sie 16 Wörter (→ ↓) und schreiben Sie sie.

E	P	U	L	L	O	V	E	R	S	E	S
M	H	E	M	D	E	R	R	O	C	K	C
Ü	O	A	A	R	L	T	S	C	H	A	L
T	S	A	N	O	K	A	K	H	U	N	J
Z	E	N	T	S	H	I	R	T	H	S	E
E	G	Z	E	I	B	L	U	S	E	U	A
R	A	U	L	J	A	C	K	E	X	G	N
A	O	G	S	T	R	Ü	M	P	F	E	S
A	S	O	C	K	E	N	K	L	E	I	D

der	die	das	die
....	*Jeans*	....	....
....	....	....	....
....	....	....	....
....	....	....	....
....	....	....	....

b Wo kann man Kleidung kaufen? Ergänzen Sie die Vokale.

1 auf dem F l ... h m ... rkt

2 im Second-Hand-L ... d ... n

3 im K ... f h ... s

4 im ... n t ... r n ... t

c Gibt es Kleidungsstücke, die nur Männer oder nur Frauen tragen? Wie ist es in Ihrem Heimatland? Machen Sie eine Tabelle und diskutieren Sie.

Männer	*Frauen*	*Männer und Frauen*
...	...	*der Pullover ...*

2 Das ist schön! – Nein, hässlich! 1

Ordnen Sie die Adjektive.

schön | langweilig | nicht schön | klasse | blöd | super | hässlich | günstig | schlecht | sehr schön | teuer | perfekt | furchtbar | gut | toll

positiv	negativ

3 Bestimmte und unbestimmte Artikel 2

a Nominativ und Akkusativ. Ergänzen Sie *der*, *die*, *das* oder *den*.

1 .... Pullover ist schön. Wie findest du .... Mantel?

2 .... Bluse ist hässlich. Wie finden Sie .... Hose?

3 .... T-Shirt ist furchtbar. Wie findest du .... Kleid?

4 .... Schuhe sind toll. Wie findest du .... Schuhe?

b Akkusativ. Ergänzen Sie *ein*, *eine* oder *einen*.

1 Bei der Arbeit trage ich .... Rock und .... Bluse.

2 Am Wochenende trage ich .... Jeans und .... T-Shirt.

3 Mein Mann trägt bei der Arbeit .... Anzug und .... Hemd.

c Dativ. Was passt: a, b, c oder d?

Paolo fährt heute mit ......1...... Bus zur Arbeit. Er trägt heute ein Hemd mit ......2...... Anzug. Zu Hause trägt er dann ein T-Shirt mit ......3...... Jeans. Am Abend macht er noch etwas Sport. Er fährt eine Stunde mit ......4...... Fahrrad.

1	2	3	4
a ☐ das	a ☐ ein	a ☐ ein	a ☐ das
b ☐ den	b ☐ eine	b ☐ eine	b ☐ dem
c ☐ dem	c ☐ einem	c ☐ einem	c ☐ der
d ☐ der	d ☐ einer	d ☐ einer	d ☐ die

4 Welche Farbe passt? 3

1 Zucker ist *weiß* .

2 Eine Gurke ist ....

3 Eine Tomate ist ....

4 Eine Orange ist ....

5 Milch ist ....

6 Eine Paprika ist ....

7 Eine Kartoffel ist ....

8 Eine Kiwi ist ....

9 Wasser ist *farblos* .

5 Ordnen Sie zu. 4

immer | manchmal | meistens | nie | oft | selten

100 % ....

80 % ....

60 % ....

40 % ....

20 % ....

0 % ....

6 Was tragen Sie im Winter, beim Sport, zu Hause? 4

a Ergänzen Sie.

im Winter

beim Sport

zu Hause

b Was trägt Thomas? Hören Sie und machen Sie Notizen. 60

1 Im Sommer: ....

2 Im Winter: ....

3 Beim Sport: ....

4 Auf der Arbeit: ....

5 In der Freizeit: ....

c Formulieren Sie Fragen.

1 Was | beim Sport | tragen | du | ? *Was trägst du beim Sport?*

2 Welche | mögen | Sie | Kleidung | ? ....

3 Gefallen | du | Farben | alle | ? ....

4 Wann | Sie | tragen | Hosen | ? ....

7 Wie gefällt Ihnen ...? Wie gefällt dir ...? 5

Ergänzen Sie.

1 ▶ Wie gefällt ______ der Rock, Julia?

▷ Der Rock gefällt ______ nicht so gut. Ich suche aber noch etwas für meinen Sohn. Denkst du, das T-Shirt hier gefällt ______?

▶ Ja, das glaube ich schon. Die T-Shirts sind sehr schön und günstig. Dann kaufe ich auch ein T-Shirt für Anna. Das hier gefällt ______ sicher.

▷ Ja, dann haben wir wieder nur für unsere Kinder Kleidung gekauft. Toll. Aber ich weiß, die T-Shirts stehen ______ sehr gut.

2 ▶ Anna und Lola, gefallen ______ die Mäntel?

▷ Nein, sie gefallen ______ nicht.

8 Durchsagen im Kaufhaus 5

61 Was ist richtig? Sie hören jede Durchsage einmal.

		✓	✗
1	Die T-Shirts kosten heute 19,90 €.	☐	☒
2	Ein Junge sucht seine Eltern.	☐	☐
3	Das Kaufhaus ist morgen geschlossen.	☐	☐
4	Ein Fahrer soll schnell wegfahren.	☐	☐
5	Kunden können am Samstag und Sonntag einkaufen.	☐	☐

9 Im Klamottenladen 5

a Was sagt der Verkäufer wann? Ordnen Sie zu.

1 Kundin: Entschuldigung. Können Sie mir helfen?
Verkäufer:

2 Kundin: Ich suche einen Mantel.
Verkäufer:

3 Kundin: Haben Sie den Mantel auch in Größe 44?
Verkäufer:

4 Kundin: Kann ich den Mantel anprobieren?
Verkäufer:

5 Kundin: Wunderbar. Wie viel kostet er denn?
Verkäufer:

a Ja, gerne. Womit kann ich Ihnen behilflich sein?

b 599 €.

c Natürlich. Sehr schön! Gefällt er Ihnen?

d Ja, dieses Modell haben wir von Größe 34 bis 48.

e Sehen Sie: Hier haben wir die neuesten Mäntel aus der Winterkollektion. Hier der grüne zum Beispiel – sehr gute Qualität!

62 **b** Hören Sie den Dialog zur Kontrolle.

10 Komparativ und Superlativ 6

a Ergänzen Sie die Tabelle.

klein	*kleiner*	*am kleinsten*
günstig		
langweilig		
eng		
weit		*am weitesten*
hässlich		
schnell		
langsam		
hell		
dunkel	*dunkler*	
teuer	*teurer*	
groß	*größer*	
kurz		*am kürzesten*
lang		
(!) gut		
(!) gern		
(!) viel		

b Was gefällt Ihnen besser? Ergänzen Sie *als* und den Komparativ.

1 Ich finde diese Schuhe hier *schöner als* die Schuhe dort. (schön)

2 Johannes trinkt ………… Kakao ………… Kaffee. (gern)

3 Ich muss am Mittwoch ………… aufstehen ………… am Dienstag, aber ………… am Montag. (früh, spät)

4 Der Bus fährt ………… zum Bahnhof ………… die U-Bahn. (lang)

5 Lucy spricht ………… Deutsch ………… Rosa. Rosa kann aber ………… schreiben ………… Lucy. (gut, gut)

c Vergleiche mit *als*. Schreiben Sie Sätze.

1 T-Shirt (9 Euro)/das Hemd (19 Euro)/billig

Das T-Shirt ist billiger als das Hemd.

2 Hose (75 Euro)/Jacke (120 Euro)/teuer

....

3 Sonne/Lampe/hell

....

4 Ich: T-Shirts ☺/Hemden ☺☺/gern tragen

....

11 *Welch...* und *dies...* 9

a Ergänzen Sie die Tabellen.

Nominativ			
der	die	das	die
welch...... Mantel?	welch...... Jacke?	welch...... Hemd?	welch...... Schuhe?
dies...... Mantel	dies...... Jacke	dies...... Hemd	dies...... Schuhe

Akkusativ			
den	die	das	die
welch...... Mantel?	welch...... Jacke?	welch...... Hemd?	welch...... Schuhe?
dies...... Mantel	dies...... Jacke	dies...... Hemd	dies...... Schuhe

b *Welch...* oder *dies...* Ergänzen Sie den Dialog.

▶ Können Sie mir helfen? Ich suche einen Pullover.

▷ Ja, gerne. ......1...... Pullover hier oder ......2...... da? ......3...... gefällt Ihnen?

▶ Am besten gefällt mir ......4...... Pullover hier. Haben Sie auch Jacken?

▷ ......5...... Jacken gefallen Ihnen?

▶ ......6...... Jacken hier sind schön.

12 Adjektive. Wie heißt das Gegenteil? 7

weit | ~~groß~~ | schlecht | kurz | eng | hässlich | ~~klein~~ | teuer | gut | schön | günstig | lang

1 *groß* ≠ *klein*

2 .... ≠ ....

3 .... ≠ ....

4 .... ≠ ....

5 .... ≠ ....

6 .... ≠ ....

13 Umtausch 8

a Lesen Sie die E-Mail und die Aufgaben 1–4. Kreuzen Sie an: richtig oder falsch?

Von	monikameier@web.de
An	yvi99@mail.de
Betreff	Klamottenkauf

Hallo Yvonne,
ja, ich war heute shoppen. Und ich habe einen superschönen Mantel gekauft, nicht im Internet, sondern bei G & H, hier in der Langen Straße. Die hatten ein Super-Angebot. Nur zu Hause habe ich gesehen: Der Mantel war viel zu eng. Ich bin dann ins Geschäft zurückgegangen, aber ich hatte meinen Kassenbon nicht mehr. Ich bin also schnell nach Hause gegangen und da war er, auf dem Küchentisch. Dann bin ich wieder ins Kleidergeschäft gegangen und alles war in Ordnung. Jetzt habe ich einen tollen Mantel. Bis morgen.
Monika

		✓	✗
1	Der Mantel kommt aus einem Internet-Shop.	☐	☐
2	Der Mantel passt Monika nicht.	☐	☐
3	Ihr Kassenbon war zu Hause.	☐	☐
4	Monika möchte den Mantel morgen umtauschen.	☐	☐

b Hören Sie den Dialog und ergänzen Sie. 63

▶ Guten Tag. Können Sie mir ......1...... ? Ich habe gestern einen Pullover gekauft. Leider ......2...... er nicht. Er ist zu ......3...... . Kann ich ihn ......4...... ?

▷ Ja, kein Problem. Haben Sie den ......5...... dabei?

▶ Ja, hier ist er.

▷ Gut, dann schauen Sie mal. Hier haben wir einen Pullover in ......6...... L.

▶ Ja, gut. Kann ich den ......7...... ?

▷ Natürlich. ... Und, passt er?

▶ Ja, danke. Ich nehme diesen Pullover.

Lernwortschatz

Ergänzen Sie die Artikel und die Pluralformen.

Kleidungsstücke

der Anzug *die Anzüge*
Bluse
Hemd
Hose
Jacke
Jeans
Kleid
Mantel
Mütze
Pullover
Rock
Schal
T-Shirt
Socken (Pl.)
Strümpfe (Pl.)
Schuhe (Pl.)

Kleidung kaufen

das Geschäft *Ich kaufe Schuhe immer in einem Geschäft auf der Bergerstraße.*
der Katalog
das Kaufhaus
der Markt

die Größe
das Modell
das Geld
der Kassenbon

furchtbar
hässlich
(un)bequem
eng – weit
kurz – lang
zu ...

Verben

Schreiben Sie Sätze.

anprobieren *Ich möchte diese Hose anprobieren.*
finden
geben
gefallen
helfen
passen
stehen
suchen
tragen
umtauschen

1 Das Wetter

a Wie ist das Wetter? Was passt? Markieren Sie.

schön | grün | schlecht | toll | rot | teuer | nicht so schön | eng | weit | gut | lang | nicht so gut | kurz | lang | windig | nicht schlecht

b Was ist das? Schreiben Sie die Wörter unter die Bilder.

1  der Wind

2  ....

3  ....

4 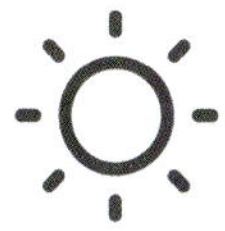 ....

5  ....

c Ergänzen Sie.

scheint | bewölkt | regnet | windig | schneit

Der Wind. → Es ist ....

Die Sonne. → Die Sonne ....

Die Wolken. → Es ist ....

Der Schnee. → Es ....

Der Regen. → Es .... So ein Mistwetter!

d Ergänzen Sie.

~~kalt~~ | sehr kalt | warm | sehr warm | heiß

1 Es sind minus 2 Grad. Es ist *kalt* .

2 Wir haben 36 Grad. Es ist ....

3 Wir haben minus 20 Grad. Es ist ....

4 Es sind 27 Grad. Es ist ....

5 Wir haben 20 Grad. Es ist ....

2 Der Wetterbericht

a Irgendetwas stimmt hier nicht! Schreiben Sie die Wörter richtig.

1 Es ist sehr *klat* .... im Norden und es schneit bei 20 Grad minus. Der *cheenS* .... ist 10 cm *ohch* ....

2 Im Süden weht ein starker Wind, der Sommer ist wie immer sehr *mraw* ...., der *ndiW* .... kommt aus Osten. Im Westen ist das Wetter *sigonn* ....

b Hören Sie den Wetterbericht. Entscheiden Sie, ob die Aussage richtig oder falsch ist. 64

Im Westen ist es windig. ✓ ☐ ✗ ☐

65 **c** Sie hören einen Wetterbericht. Wie wird das Wetter? Kreuzen Sie an.

1 Wie ist das Wetter im Norden?
a ☐ warm, 20 Grad b ☐ Die Sonne scheint bei 22 Grad. c ☐ heiß, 31 Grad

2 Wie ist das Wetter im Osten und im Westen?
a ☐ warm, 21 Grad b ☐ Die Sonne scheint bei 25 Grad. c ☐ heiß, 33 Grad

3 Wie ist das Wetter im Süden?
a ☐ warm, 20 Grad b ☐ Die Sonne scheint bei 25 Grad. c ☐ heiß, 35 Grad

3 Sehen Sie sich die Karte an und ergänzen Sie den Text. 2

Das ist Deutschland. Luxemburg liegt im Westen. Dänemark liegt im ......1...... . Österreich liegt im ......2...... und Polen im ......3...... .

Wo liegt Belgien?
Belgien liegt im ......4...... .
Frankreich liegt ......5...... ,
die Niederlande ......6...... ,
die Schweiz ......7...... ,
Luxemburg ......8......
und die Tschechische Republik ......9...... .

4 Jahreszeiten und Himmelsrichtungen 3

66 **a** Welchen Artikel haben die Jahreszeiten und Himmelsrichtungen? Hören Sie dann und sprechen Sie nach.

.... Frühling	.... Herbst	.... Sommer	.... Winter
.... Norden	.... Osten	.... Süden	.... Westen

b Die Jahreszeiten sind durcheinander. Was kommt zuerst, was danach? Sortieren Sie sie.

....

....

....

5 Wie ist das Wetter in Ihrem Heimatland? 3

Ist das Wetter im Norden anders als im Süden, im Osten anders als im Westen? Schreiben Sie.

In meinem Heimatland ist das Wetter ...

Im Norden ...

6 Im Frühling kann ich ... 3

a Was kann man gut in welcher Jahreszeit machen? Ordnen Sie zu.

Blumen pflanzen | Äpfel pflücken | Fahrrad fahren | Ostern feiern | fernsehen | grillen | einen Schneemann bauen | im See schwimmen | Ski fahren | in der Sonne liegen

im Frühling	im Sommer	im Herbst	im Winter
Blumen pflanzen			

b Was kann man noch im Frühling, im Sommer, im Herbst oder im Winter machen? Ergänzen Sie die Tabelle.

7 Meine liebste Jahreszeit ist ... 4

a Ergänzen Sie die Tabelle.

	mögen	lieben	wollen
ich			*will*
du	*magst*		
er/sie/es		*liebt*	
wir			*wollen*
ihr			
sie/Sie			

b Ergänzen Sie *lieben, mögen, wollen* in der richtigen Form.

Ich 1 *mag* den Sommer. Aber noch schöner ist Winter. Ich ___2___ den Winter! Hier in den Alpen schneit es oft. Meine Eltern und ich ___3___ den Schnee sehr. Ich ___4___ immer Schneemänner bauen. Gestern hat es geschneit. Heute ___5___ ich mit meinen Freunden im Schnee spazieren gehen. Am Wochenende ___6___ meine Eltern und ich Ski fahren. Wir alle ___7___ den Winter.

c Welche Jahreszeit mögen Sie am liebsten? Warum? Was machen Sie dann? Schreiben Sie.

Meine liebste Jahrestzeit ist ...

8 Welche Wörter gibt es? 5

Schreiben Sie die Wörter mit den Artikeln auf.

der Baum | das Ei | die Feier | das Fest | das Foto | das Geschenk | der Hase | das Kleid | der Mann | die Party | die Torte

Geburtstags-
Hochzeits-
Oster-
Weihnachts-

die Geburtstagsfeier, ...

....

9 Tage und Monate 6

a Ordnen Sie die Wochentage in den Kalender ein.

~~Montag~~ Samstag Donnerstag Freitag

Dienstag Mittwoch Sonntag

JUNI
1 *Montag*
2
3
4
5
6
7

67 **b** Hören Sie und sprechen Sie nach.

Wochenende	Samstag	Sonntag	Montag	Dienstag	Mittwoch	Donnerstag	Freitag
O o o o	O o	O o	O o	O o	O o	O o o	O o

c Ordnen Sie die Monate den Jahreszeiten zu.

April | August | Dezember | Februar | Januar | Juni | Juli | Mai | März | November | Oktober | September

der Frühling	der Sommer	der Herbst	der Winter
März,			

d Ergänzen Sie *am* und *im*.

▶ Welcher Monat ist für Sie ein besonderer Monat? Erzählen Sie doch mal.

▷ Ich mag den Frühling am liebsten. Im Frühling wird es wieder wärmer. .... März kaufe ich Blumen und pflanze sie im Garten ein. Leider kann ich nur .... Sonntag im Garten sein, weil ich viel arbeite.

▶ Mein Lieblingsmonat ist der August. .... August gibt es viele Konzerte und Festivals. Immer .... ersten Wochenende .... August ist das beste Festival.

68
10 Feiertage 7

Mario hat Urlaub und ist in Italien. Er telefoniert mit Rabia in Frankfurt. Sind die Aussagen richtig oder falsch? Kreuzen Sie an.

		✓	✗
1	Der italienische Nationalfeiertag ist am 2.6.	☐	☐
2	Der iranische Nationalfeiertag ist am 2.10.	☐	☐
3	Der französische Nationalfeiertag ist am 4.7.	☐	☐

11 Welcher Tag ist heute? Wie viele Tage hat das Jahr? 8

a Ergänzen Sie die Zahlen. Schreiben Sie in Worten.

1 | 7 | ~~12~~ | 28 | 29 | 30 | 31 | 52 | 365

Ein Jahr hat 1 *zwölf* Monate. Die Monate haben ______ 2 ______ oder ______ 3 ______ Tage. Nur der Februar hat ______ 4 ______ Tage und alle vier Jahre ______ 5 ______ Tage. Ein Jahr hat ______ 6 ______ Wochen. Ein Jahr hat ______ 7 ______ Tage und manchmal ______ 8 ______ Tag mehr. Eine Woche hat ______ 9 ______ Tage.

b Wie schreibt man das?

Heute ist der ... Januar

1.	2.	3.	4.	5.	6.	7.
erste						
8.	9.	10.	11.	12.	13.	14.
15.	16.	17.	18.	19.	20.	21.

c Welcher Tag ist heute? Hören Sie und schreiben Sie. 69

Heute ist der 1 *7.2.2016 – siebte Zweite/Februar zweitausendsechzehn*

2 ______

3 ______

4 ______

d Welches Datum ist Ihnen wichtig? Warum?

Beispiel: *Der dritte Januar. Das ist mein Geburtstag.*

______

______

12 Eine Einladung und eine Absage 11

a Rabia schreibt eine Einladung an Natalie und André. Schreiben Sie diese E-Mail. Schreiben Sie zu folgenden Punkten:

- Mario kommt am 14. Juli wieder nach Deutschland.
- Französischer Nationalfeiertag am 14. Juli.
- Rabia lädt die Freunde zu sich nach Hause ein.
- Mario will französisch kochen.

An

Von

Betreff

Liebe Natalie, lieber André,

b André kann am 14. Juli nicht kommen. Er muss arbeiten. Schreiben Sie eine Absage an Rabia. Verwenden Sie Wörter wie *herzlichen Dank, leider, schade, Liebe Grüße*.

An
Von
Betreff

Liebe ……………………,

herzlichen ……………………

……………………

……………………

……………………

André

13 Ich heirate! 11

Sie heiraten in einem Monat. Sie möchten Ihre Freundin Irene Lingen einladen. Schreiben Sie ihr eine E-Mail.

- Sie heiraten nächsten Monat.
- Laden Sie Ihre Freundin ein.
- Möchten Sie ein Geschenk? Was?

Schreiben Sie zu jedem Punkt ein bis zwei Sätze (ca. 30 Wörter). Vergessen Sie nicht den passenden Anfang und Gruß am Schluss.

14 Eine Anmeldung 11

Ali Perihan besucht einen Deutschkurs an der XYZ-Sprachschule. Die XYZ-Sprachschule macht nächsten Monat ein Sommerfest. Ali möchte mit seiner Frau Tanja hingehen. Ihre Kinder Ava und Deniz bleiben bei den Großeltern. Tanja und Ali bringen einen Kuchen mit. Schreiben Sie die fünf fehlenden Informationen in das Formular.

XYZ-Sprachschule – Anmeldung zum Sommerfest

Teilnehmer/Teilnehmerin:
Nachname: *Perihan*
Vorname: …………………… 1
An welchem Kurs nehmen Sie teil? *Integrationskurs, Modul 2*
Bringen Sie jemanden mit?
Anzahl weiterer Personen: …………………… 2
Davon Kinder: …………………… 3
Bringen Sie etwas fürs Buffet mit? ja ☐ nein ☐ 4
Wenn ja, was? …………………… 5

15 Unsere Kursabschlussfeier 12

a Sie haben Ihre Kursabschlussfeier geplant. Luisa und Sergej waren an dem Tag nicht im Unterricht. Setzen Sie die fehlenden Wörter ein.

Party | Garten | Fleisch | Tee | grillen | Getränke | Kaffee | Würstchen | Kuchen | Brot | Auto | Salat | Brötchen

Liebe Luisa, lieber Sergej,

in einer Woche endet unser Deutschkurs. Wir haben heute unsere ___1___ geplant. Wir treffen uns am 30.3. um 14 Uhr in meinem ___2___. Wir wollen ___3___. Jeder bringt seine ___4___ oder sein ___5___ selbst mit. Elena und Maria bringen die ___6___ mit. Sie haben ja ein großes ___7___. Karim macht einen ___8___. Ewa backt einen ___9___. Dann haben wir auch noch etwas Süßes. Das ist wichtig, nicht wahr? ___10___ und ___11___ können wir im Garten kochen. Könnt ihr bitte ___12___ oder ___13___ kaufen? Dann haben wir alles.

Sehen wir uns übermorgen im Kurs?

Viele Grüße

Laura und Karim

b Lesen Sie die Nachricht noch einmal und entscheiden Sie, ob die Aussagen richtig oder falsch sind.

		✓	✗
1	Der Deutschkurs ist zu Ende.	☐	☐
2	Die Party findet am Nachmittag statt.	☐	☐
3	Laura bringt Fleisch und Würstchen für alle mit.	☐	☐
4	Jeder bringt seine Getränke mit.	☐	☐
5	Bei der Feier gibt es auch Kaffee.	☐	☐
6	Luisa und Sergej sollen Brot backen.	☐	☐

16 Beim Metzger und beim Bäcker

Ergänzen Sie *welch-* und *dies-* in der richtigen Form.

▶ Guten Tag, Sie wünschen?

▷ Guten Tag. Ich möchte *diese* Würstchen.

▶ Gerne. Aber darf ich fragen: Wollen Sie die Würstchen grillen oder kochen?

▷ Grillen.

▶ Dann nehmen Sie ___1___ Würstchen besser nicht.

▷ ___2___ Würstchen sind denn gut?

▶ ___3___ Würstchen hier oder ___4___ Fleisch hier. Das kann ich Ihnen empfehlen.

▶ Guten Morgen.

▷ Guten Morgen. Ich möchte ein Brot.

▶ ___5___ Brot wollen Sie denn? Wir haben hier Weißbrote, hier ist Roggenbrot, da ist unser gutes Vollkornbrot.

▷ ___6___ Weißbrot bitte. Und ich möchte noch ein Baguette.

▶ ___7___ Baguette darf es denn sein?

▷ Ich möchte ___8___ Baguette da. Das sieht lecker aus. ___9___ Brötchen haben Sie?

▶ Wir haben nur noch ___10___ Brötchen hier.

Lernwortschatz

Feste

die Feier

das Fest

der Geburtstag

die Hochzeit

Ostern

die Party

Weihnachten

das Bundesland

das Datum

der Feiertag

die Einladung

die Absage

die Zusage

Jahreszeiten

Welche Monate gehören zu welchen Jahreszeiten? Schreiben Sie.

der Frühling

der Sommer

der Herbst

der Winter — *der Dezember,*

Himmelsrichtungen

der Norden — *Norddeutschland*

der Süden

der Osten

der Westen

Wetter

Schreiben Sie Sätze.

das Grad

minus — *Es sind –10 Grad.*

plus

kalt — *Es ist kalt.*

warm

heiß

der Nebel, neblig sein

der Regen, regnen

der Schnee, schneien

der Wind, windig sein

die Wolke, wolkig/bewölkt sein

Verben

einladen

feiern

lieben

wollen

Tests

- Mit den Zwischentests zu den Lektionen 7–9 und 10–12 können Sie kontrollieren, wie viel Sie dazugelernt haben. Außerdem bereiten die Zwischentests Sie schrittweise auf den Übungstest *Start Deutsch 1/ telc Deutsch A1* vor.

- Mit dem Übungstest *Start Deutsch 1/telc Deutsch A1* können Sie ausprobieren, ob Sie das Niveau A1 schon erreicht haben.

- Einen weiteren kompletten Übungstest mit Erklärungen finden Sie auf unserer Webseite.

- Bitte markieren Sie die richtige Antwort auf dem Antwortbogen so:

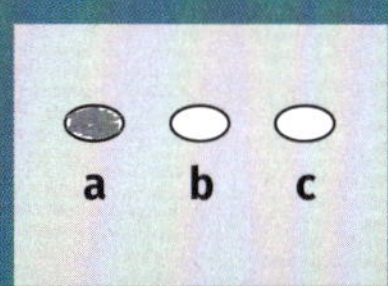

Hören

70 Markieren Sie: richtig (+) oder falsch (–)? Sie hören jeden Text zweimal.

1 Frau Kaya soll zur Anmeldung kommen.

○ + ○ –

2 Die Fahrgäste können heute mit der Straßenbahn zum Bahnhof fahren.

○ + ○ –

Lesen, Teil 1

Lesen Sie die E-Mail und die Aussagen. Markieren Sie: richtig (+) oder falsch (–)?

Liebe Maya,
wann kommt dein Zug morgen am Bahnhof an? Um 11 Uhr, oder? Ich muss um 10 Uhr zum Arzt und kann dann mit meinem Auto zum Bahnhof fahren.
Wir können im Supermarkt einkaufen und zusammen kochen. Oder gehst du lieber ins Restaurant? Schreib mir, was du gerne möchtest.

Viele Grüße
Deine
Elisabeth

3 Elisabeth muss um 10 Uhr zum Bahnhof.

○ + ○ –

4 Maya kommt mit dem Zug.

○ + ○ –

5 Elisabeth holt Maya am Bahnhof ab.

○ + ○ –

6 Elisabeth möchte mit Maya essen.

○ + ○ –

Lesen, Teil 2

Lesen Sie die Aufgabe und die Anzeigen. Welche Anzeige passt, a oder b?

7 Sie möchten als Kellnerin/Kellner arbeiten. Sie haben schon eine Ausbildung.

a

Restaurant Rathauskeller.
Sie möchten eine Ausbildung als KellnerIn machen?
Dann sind Sie bei uns richtig!
Rufen Sie uns an:
0240 535361

b

Stadtcafé am Marktplatz.
Wir suchen ab sofort eine Kellnerin/einen Kellner.
Kein Abenddienst.
Schreiben Sie uns eine E-Mail:
mailbox@stadtcafe.com

Schreiben

Sie können heute nicht zu Ihrer Freundin/Ihrem Freund gehen. Sie haben Schmerzen.
Schreiben Sie eine E-Mail an Ihre Freundin oder Ihren Freund:

- Warum schreiben Sie?
- Was Ihnen wehtut
- Arzt?

Schreiben Sie zu jedem Punkt ein bis zwei Sätze.
Vergessen Sie nicht den passenden Anfang und den Gruß am Schluss.

An
Von
Betreff Schmerzen

..............................,

leider kann ich .... Mein/e .... tut weh ....

Ich muss ....

....

....

....

Sprechen

Sie bitten um Auskunft.
Fragen Sie:

Entschuldigung, wo bin ich hier?
oder **Entschuldigung, wo ist** ...?
oder **Wie komme ich bitte** zu/zum/zur ...,
oder **Wie weit** ...?

Nun fragt Ihre Partnerin/Ihr Partner.
Antworten Sie.

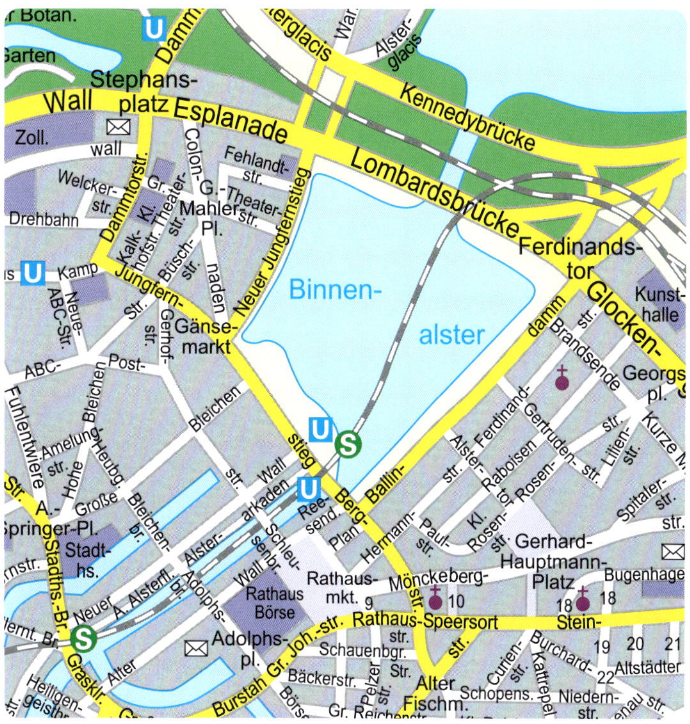

Hören, Teil 1

71 Markieren Sie: richtig (+) oder falsch (–)?
Sie hören den Text zweimal.

TIPP
Hören Sie genau zu: Was darf Miriam bei der Arbeit alles tragen?

1 Miriam darf bei der Arbeit Jeans tragen.

○ + ○ –

Hören, Teil 2

Markieren Sie: a, b oder c.
Sie hören den Text zweimal.

2 Um wie viel Uhr kommt Yasmin an?

a Um ein Uhr. **b** Um fünf Uhr. **c** Um sechs Uhr.

○ a ○ b ○ c

Lesen, Teil 1

Lesen Sie die E-Mail und die Aussagen. Markieren Sie: richtig (+) oder falsch (–)?

TIPP
Lesen Sie genau: Wo sind Samara und Alex? Was machen sie dort? Wie ist oder war das Wetter wo? Wann machen die Freunde was?

An	leilaundfrank@gnx.de
Von	samara@gnx.de
Betreff	Urlaub

Liebe Leila, lieber Frank,

ich schreibe euch diese E-Mail aus Österreich. Alex und ich machen hier seit drei Tagen Urlaub in den Bergen und es gefällt uns sehr gut. Gestern waren wir in Salzburg. Leider war das Wetter dort nicht so gut. Heute ist es sonnig und warm. Es soll bis zum Wochenende so schön bleiben, super! Wir möchten noch viel spazieren gehen.

Am Samstag fahren wir ganz früh mit dem Auto nach Hause. Habt ihr Zeit? Wir können zu euch nach München kommen und mittags zusammen etwas essen.

Was sagt ihr? Ihr könnt uns auf dem Handy anrufen oder eine E-Mail schreiben.

Viele Grüße
Samara

3 Samara und Alex machen Urlaub in Österreich.

○ + ○ –

4 In Salzburg war es sonnig und warm.

○ + ○ –

5 Die Freunde wollen am Sonntag zusammen spazieren gehen.

○ + ○ –

Lesen, Teil 2

Lesen Sie die Aufgabe und die Anzeigen. Welche Anzeige passt, a oder b?

6 Ihre Freunde heiraten. Sie brauchen ein Kleid für das Fest. ◯ a ◯ b

a

Festkleidung
Schön und günstig: Anzüge, Hemden, Schuhe. Kommen Sie in unser Geschäft in der Bornheimer Landwehr 3 oder gehen Sie auf unsere Internetseite:
www.festtag.com

b

Die Seite für Hochzeitsgäste
Blusen, Röcke und Kleider in allen Variationen und Farben, alle Größen!
Schon ab 129 Euro
Unseren Katalog finden Sie auf:
www.schoen-und-guenstig.com

Lesen, Teil 3

Lesen Sie den Text und die Aufgabe.
Markieren Sie: richtig (+) oder falsch (–)?

TIPP

Lesen Sie genau:
Wann haben Sie den Pullover gekauft?
Wie lange können Sie umtauschen?

Umtausch bis zwei
Wochen nach dem Kauf
Nur mit Kassenbon

7 Ihr Kassenbon ist drei Wochen alt.
Sie können Ihren Pullover umtauschen.

◯ + ◯ –

Schreiben

Sie möchten einen Sprachkurs machen. Schreiben Sie eine E-Mail an eine Sprachschule:

- Was möchten Sie?
- Deutschkenntnisse
- Wann?
- Kosten?

Schreiben Sie zu jedem Punkt ein bis zwei Sätze.
Vergessen Sie nicht den passenden Anfang und den Gruß am Schluss.

Sprechen

Fragen Sie Ihre Partnerin/Ihren Partner:

Haben Sie/Hast du Festkleidung?
Wenn ja, was? Welche Farben?
Wenn nein, was möchten Sie/möchtest du gerne haben?

Nun fragt Ihre Partnerin/Ihr Partner. Antworten Sie.

Hören, Teil 1

72 Markieren Sie: a, b oder c. Sie hören jeden Text zweimal.

Beispiel
Welche Zimmernummer hat das Ehepaar?

a 

61

b 

67

c 

76

○ a ● b ○ c

1 Was kauft der Mann?

a 
Äpfel

b 
Bananen

c 
Birnen

○ a ○ b ○ c

2 Welcher Bus fährt zum Bahnhof?

a 

Die Nummer 12

b 

Die Nummer 13

c 

Die Nummer 30

○ a ○ b ○ c

3 Was möchte der Mann kaufen?

a 
Eine Hose

b 
Eine Jacke

c 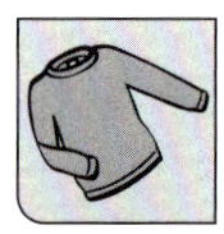
Einen Pullover

○ a ○ b ○ c

4 Was bringt Yasmin mit zum Fest?

a 
Etwas zum Trinken

b 
Kuchen

c 
Salat

○ a ○ b ○ c

5 Wo ist die Anmeldung?

a 

In Zimmer 213

b 

In Zimmer 214

c 

In Zimmer 215

○ a ○ b ○ c

6 Wie fährt Frau Petri zur Arbeit?

a 
Mit dem Auto

b 
Mit dem Bus

c 
Mit dem Fahrrad

○ a ○ b ○ c

Hören, Teil 2

Markieren Sie: richtig (+) oder falsch (–)? Sie hören jeden Text einmal.

Beispiel
Obst ist heute billiger.
○ + ● –

7 Die Mutter soll zum Informationsschalter kommen.
○ + ○ –

8 Heute fährt die U3 nicht.
○ + ○ –

9 Die Kunden sollen jetzt bezahlen.
○ + ○ –

10 Der Zug nach Koblenz fährt von Bahnsteig 2 ab.
○ + ○ –

Hören, Teil 3

Markieren Sie: a, b oder c. Sie hören jeden Text zweimal.

11 Ab wann ist das Zimmer frei?
a Gleich
b Ab 1. Oktober
c Ab 3. Oktober
○ a ○ b ○ c

12 Wann schließt das Geschäft am Dienstag?
a Um 13 Uhr
b Um 18 Uhr
c Um 20 Uhr
○ a ○ b ○ c

13 Wann möchte der Nachbar seinen Schlüssel abholen?
a Am Abend
b Am Nachmittag
c Gegen Mittag
○ a ○ b ○ c

14 Was hat Tomasz gekauft?
a Käse
b Kartoffeln
c Lammfleisch
○ a ○ b ○ c

15 Wann soll Frau Lorenz in die Praxis kommen?
a Am Dienstag
b Am Mittwoch
c Am Donnerstag
○ a ○ b ○ c

Lesen, Teil 1

Sind die Aussagen 1–5 richtig (+) oder falsch (–)? Markieren Sie.

Beispiel
Leila kommt heute nicht zum Kurs. ○ + ● –

An	bashir@gnx.de
Von	leila@gnx.de
Betreff	Deutschkurs

Hallo Bashir,

heute komme ich eine halbe Stunde später zum Kurs. Ich habe vor dem Kurs noch einen Termin beim Arzt. Leider kann ich nicht pünktlich sein. Ich komme aber gleich nach dem Arztbesuch. Kannst du das Frau Jensen bitte sagen? Ich habe ihre E-Mail-Adresse nicht.

Vielen Dank! Wir sehen uns später!

Leila

1 Leila muss vor dem Kurs zum Arzt.
○ + ○ –

2 Bashir soll Frau Jensen eine E-Mail schreiben.
○ + ○ –

Liebe Natalya,

hier die letzten Informationen:

Wir fahren am Samstagvormittag ab. Ich komme um zehn Uhr zu dir. Dann holen wir meine Schwester ab. Sie muss vor der Abfahrt noch die Kinder zu meiner Mutter bringen.
Vom Haus meiner Schwester fahren wir gleich auf die Autobahn.

Kannst du bitte einen kleinen Koffer mitnehmen? In meinem Auto ist leider nicht viel Platz.

Ist das in Ordnung für dich? Ich rufe dich morgen noch einmal an.

Deine
Petra

3 Petra holt Natalya um 10:00 Uhr ab.
○ + ○ –

4 Die Schwester kann leider nicht mitfahren.
○ + ○ –

5 Im Auto ist viel Platz für Koffer.
○ + ○ –

Lesen, Teil 2

Lesen Sie die Texte und die Aufgaben 6–10. Welche Anzeige ist interessant für Sie?
Markieren Sie: a oder b?

Beispiel

Sie wollen Kinderkleidung im Internet kaufen. Wo können Sie das? ● a ○ b

a

www.modezwerge.net

Kleider machen kleine Leute ...
Alles zum Anziehen!

b

www.spieleland.net

Alles, was Kinder lieben!
- Spiele
- Bücher
- CDs

6 Sie möchten ein billiges Auto kaufen. Welche Internetseite besuchen Sie? ○ a ○ b

a

AUTODROM
Wir kaufen Ihr altes Auto!
Alle Marken, beste Preise!
Kontakt über: www.autodrom.com

b

GEBRAUCHTWAGEN
Bei uns finden Sie viele günstige Autos.
***Hier* geht es zu unseren tollen Angeboten.**
www.gebrauchtwagen.com

7 Sie suchen eine Spielgruppe für Ihre kleine Tochter. Wo rufen Sie an? ○ a ○ b

a

Montags bis donnerstags,
15:00 bis 17:00 Uhr
MAIKÄFER
Spaß und Spiel für Kinder zwischen 3 und 6
Tel.: 01230 122110

b

Sie lieben Kinder und spielen gern?
Wir suchen eine nette Frau, die mit unserer Tochter (6) lernt und spielt.
Tel.: 01230 545467

8 Sie wollen zur U-Bahn-Linie U1. Mit welchem Bus fahren Sie? ○ a ○ b

a

Bus 3A Richtung Schottenring	Umsteigen zu den Linien
Stubentor	
Riemergasse	
Stephansplatz	U3, U1, 2A
Hoher Markt	

b

Bus 1A Richtung Stephansplatz	Umsteigen zu den Linien
Schottentor	
Teinfaltstraße	
Herrengasse	U3
Michaelerplatz	2A

9 Sie möchten Auto fahren lernen. Wo können Sie sofort anfangen? ○ a ○ b

a

Fahrschule BIERINGER
Letzter Termin für die Anmeldung zu unserem Abendkurs! Noch fünf Plätze frei!
Melden Sie sich noch heute an!
www.fahrenmitbieringer.com

b

Fahrschule SIFA
Wir informieren über unsere Kurse im Herbst:
Montag, 29. September, 19.00 Uhr (Deutsch)
Dienstag, 30. September, 19.00 Uhr (Englisch)
www.sicherfahren.com

10 Sie möchten am Sonntag mit Ihrer Familie ins Restaurant gehen. Welche Anzeige passt? ◯ a ◯ b

a

Restaurant LOEBIG
Deutsche und internationale Küche,
Kinder willkommen!
Mo. bis Fr. 10:00 bis 22:00 Uhr
www.loebig.xnet

b

Restaurant Seeblick
Internationale Küche, Kindermenü,
Spielplatz.
Täglich von 11:00 bis 21:00 Uhr
www.seeblick.xnet

Lesen, Teil 3

Lesen Sie die Texte und die Aufgaben 11–15. Markieren Sie: richtig (+) oder falsch (–)?

Beispiel
An der Tür der **Sprachschule** ● + ◯ –

SPRACHENZENTRUM
Das Sprachenzentrum ist umgezogen.
Sie finden uns jetzt in der
Beethovenstraße 23.

Das Sprachenzentrum hat eine neue Adresse.

11 Am Schalter beim Arbeitsamt ◯ + ◯ –

Bitte ziehen Sie eine Nummer.
Warten Sie, bis wir Ihre Nummer aufrufen.
Kein Eintritt ohne Nummer.

Sie müssen eine Nummer nehmen.

12 Auf dem Spielplatz ◯ + ◯ –

Spielplatz nur für Kinder
unter 12 Jahren.
Hunde sind auf dem Spielplatz nicht erlaubt.

Ihre Tochter ist elf Jahre alt. Sie darf auf den Spielplatz.

13 Im Restaurant ◯ + ◯ –

MITTAGSMENÜ
Tomatensuppe
Salate der Saison mit frischen Steinpilzen
Obstsalat
Ein Getränk gratis
8,50 Euro

Sie mögen kein Fleisch. Sie können das Menü bestellen.

14 Am Flughafen ◯ + ◯ –

PARKEN VERBOTEN.
Halten nur zum Aussteigen und Einsteigen erlaubt.

Sie dürfen Ihr Auto hier stehen lassen.

15 Am Kindergarten ◯ + ◯ –

Die Sonne scheint!
Wir spielen heute Nachmittag draußen.
Bitte holen Sie Ihr Kind im Garten ab.
Nach 16:00 Uhr bitte klingeln.

Sie müssen Ihr Kind heute vor 16 Uhr abholen.

Schreiben, Teil 1

Ihre Freundin, Selin Yilmaz, möchte im Internet ein Kleid bestellen. Sie trägt Größe 38 und mag Rot. Sie wohnt in der Schmiedgasse 33 in 90403 Nürnberg und möchte nicht mit Kreditkarte zahlen. Sie möchte keine Briefe und Werbung von der Firma bekommen. Schreiben Sie die fünf fehlenden Informationen in das Formular.

Bestellung

Familienname:	Yilmaz				
Vorname:	*Selin*				0
Adresse:	PLZ: [ ]	Ort:	Nürnberg		1
	Straße: [ ]		Nr.	33	2
Artikelnummer:	C13TZ5882				
Anzahl:	1				
Farbe:	[ ]				3
Größe:	38				
Zahlung:	Rechnung [ ]	Kreditkarte [ ]			4
Möchten Sie unseren Info-Brief bekommen?	JA [ ]	NEIN [ ]			5
E-Mail-Adresse:	selmaz@yournet.com				

Schreiben, Teil 2

Sie möchten weiter Deutsch lernen. Schreiben Sie eine E-Mail an Ihre Kursleiterin/Ihren Kursleiter. Schreiben Sie etwas zu folgenden Punkten:

- A1-Test
- A2-Kurs
- Termine, Anmeldung, Kosten

Schreiben Sie zu jedem Punkt ein bis zwei Sätze (ca. 30 Wörter).
Vergessen Sie nicht den passenden Anfang und Gruß am Schluss.

Sprechen, Teil 1

Sich vorstellen

Name?	***Wohnort?***	***Hobby?***
Alter?	***Sprachen?***	
Land?	***Beruf?***	

Sprechen, Teil 2

Um Informationen bitten und Informationen geben

Thema: **Tagesablauf**	Thema: **Tagesablauf**	Thema: **Tagesablauf**
aufstehen	***Arbeit***	***kochen***
Thema: **Tagesablauf**	Thema: **Tagesablauf**	Thema: **Tagesablauf**
Sport	***Hausaufgaben***	***abends***
Thema: **Wohnen**	Thema: **Wohnen**	Thema: **Wohnen**
Hochhaus	***Garten***	***Balkon***
Thema: **Wohnen**	Thema: **Wohnen**	Thema: **Wohnen**
Zimmer	***Miete***	***Möbel***

Sprechen, Teil 3

Bitten formulieren und darauf reagieren

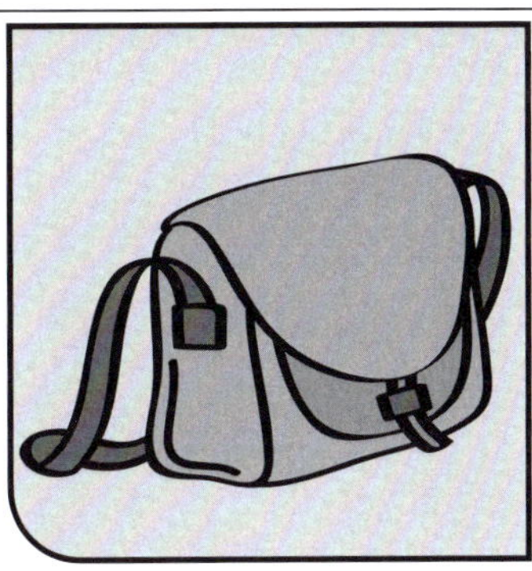

telc LANGUAGE TESTS

START DEUTSCH 1

		1 0 7 0	

Hören

Teil 1

1 ○a ○b ○c 1
2 ○a ○b ○c 2
3 ○a ○b ○c 3
4 ○a ○b ○c 4
5 ○a ○b ○c 5
6 ○a ○b ○c 6

Teil 2

7 ○+ ○– 7
8 ○+ ○– 8
9 ○+ ○– 9
10 ○+ ○– 10

Teil 3

11 ○a ○b ○c 11
12 ○a ○b ○c 12
13 ○a ○b ○c 13
14 ○a ○b ○c 14
15 ○a ○b ○c 15

Lesen

Teil 1

1 ○+ ○– 1
2 ○+ ○– 2
3 ○+ ○– 3
4 ○+ ○– 4
5 ○+ ○– 5

Teil 2

6 ○a ○b 6
7 ○a ○b 7
8 ○a ○b 8
9 ○a ○b 9
10 ○a ○b 10

Teil 3

11 ○+ ○– 11
12 ○+ ○– 12
13 ○+ ○– 13
14 ○+ ○– 14
15 ○+ ○– 15

Schreiben – Teil 1

1 ______
2 ______
3 ______
4 ______
5 ______

Für die Bewertung!

○+ ○– 1
○+ ○– 2
○+ ○– 3
○+ ○– 4
○+ ○– 5

1 3 _ _ _ _ _
Code-Nr. Bewerter/in 1

1 3 _ _ _ _ _
Code-Nr. Bewerter/in 2

1 3 _ _ _ _ _
Code-Nr. telc Bewerter/in

Schreiben - Teil 2

Für die Bewertung

Anhang

Im Anhang können Sie noch einmal nachlesen:

- **die wichtigste neue Grammatik kurz zusammengefasst**
- **wichtige Redemittel aus den Lektionen**

1	**Datum und Ordinalzahlen**	124
2	**Verben**	124
3	**Präpositionen**	126
4	**Pronomen**	126
5	**Artikel**	127

1 Datum und Ordinalzahlen

1. der **erste**
2. der zweite
3. der **dritte**
4. der vierte
5. der fünfte
6. der sechste
7. der sie**b**te

20. der zwanzigste
30. der dreißigste

Zahlen < 20: Zahl + **-te**
12. = zwölf + **te** = zwölf**te**
Zahlen > 20: Zahl + **-ste**
23. = dreiundzwanzig + **-ste**
= dreiundzwanzig**ste**

Welcher Tag ist heute?
Heute ist **der fünfte** März.

Wann hast du Geburtstag?
Am fünfzehnten August.

2 Verben

Modalverben

	mögen	möchten	können	dürfen	wollen	müssen	sollen
ich	**mag**	möchte	**kann**	**darf**	**will**	**muss**	**soll**
du	**magst**	möcht**e**st	**kannst**	**darfst**	**willst**	**musst**	sollst
er/sie/es	**mag**	**möchte**	**kann**	**darf**	**will**	**muss**	**soll**
wir	mögen	möchten	können	dürfen	wollen	müssen	sollen
ihr	mögt	möcht**e**t	könnt	dürft	wollt	müsst	sollt
sie/Sie	mögen	möchten	können	dürfen	wollen	müssen	sollen

Aussage:

Ich	kann	es	machen.
Ich	möchte	eine Tasse Kaffee	trinken.
Ich	muss	Hausaufgaben	machen.
Ich	darf	keinen Kaffee	trinken.

Frage:

Darf	ich hier	rauchen?
Kann	ich das Fenster	aufmachen?

Der Imperativ

	du	Sie	ihr
trinken	~~Du~~ trink~~st~~ Tee. → **Trink** Tee!	Sie trinken Tee. → **Trinken Sie** Tee!	~~Ihr~~ trinkt Tee. → **Trinkt** Tee!
nehmen	nimm	nehmen Sie	nehmt
sagen	sag	sagen Sie	sagt
essen	iss	essen Sie	esst

Das Präteritum von *haben* und *sein*

	haben	sein
ich	hatte	war
du	hattest	warst
er/sie/es	hatte	war
wir	hatten	waren
ihr	hattet	wart
sie/Sie	hatten	waren

Vergangenheit von **haben** und **sein**: meistens im Präteritum, nicht im Perfekt

Das Perfekt

Perfekt = *haben* oder *sein* + Partizip II

Infinitiv	Perfekt: *haben* + Partizip II
regelmäßige Verben	ge + Verbstamm + - t /- et
arbeiten kaufen lernen machen wohnen	ich habe gearbeitet ich habe gekauft ich habe gelernt ich habe gemacht ich habe gewohnt
unregelmäßige Verben	ge + Verbstamm + - en
finden	ich habe gef**u**nden
geben	ich habe gegeben
Verben mit untrennbarem Präfixteil und Verben auf *-ieren*	Verbstamm + - t /- et
besuchen telefonieren	ich habe besucht ich habe telefoniert

Infinitiv	Perfekt: *sein* + Partizip II
	ge + Verbstamm + - en
fahren gehen	ich bin gefahren ich bin gegangen

Perfekt mit **sein**:
Bewegung, neuer Zustand

Perfekt mit **haben**:
alle anderen Verben

Aussage:

Ich	habe	früher in Berlin	gewohnt.
Ich	bin	gern zur Schule	gegangen.

Frage:

Hast	du dort	studiert?
Bist	du mit dem Bus zur Schule	gefahren?

Verben mit Akkusativ und Dativ

Verben mit Akkusativ			Verben mit Akkusativ und Dativ	Verben mit Dativ
anrufen	fragen	suchen	erklären	antworten
bekommen	haben	treffen	erzählen	gefallen
brauchen	hören	trinken	bringen	helfen
bringen	kochen	verstehen	geben	passen
(ein)kaufen	machen	warten auf	sagen	telefonieren
einladen	nehmen		schenken	
essen	sehen		zeigen	

3 Präpositionen

Präpositionen mit Dativ

	der (m.)	**die** (f.)	**das** (n.)	**die** (Pl.)
mit	mit **dem** Bus	mit **der** Straßenbahn	mit **dem** Auto	mit **den** Bussen
zu	**zum** Arzt (zu + **dem**)	**zur** Apotheke (zu + **der**)	**zum** Bürgerbüro (zu + **dem**)	zu **den** Bussen
in	**im** Supermarkt (in + **dem**)	in **der** Apotheke	**im** Krankenhaus (in + **dem**)	in **den** Apotheken
an	**am** Supermarkt (an + **dem**)	an **der** Apotheke	**am** Krankenhaus (an + **dem**)	an **den** Apotheken
bei	**beim** Arzt (bei + **dem**)	bei **der** Ärztin	**beim** Bürgerbüro (bei + **dem**)	bei **den** Ärzten

4 Pronomen

***Welcher* und *dieser* im Nominativ und Akkusativ**

	Nominativ	Akkusativ
der Anorak	Welch**er**? Dies**er**.	Welch**en**? Dies**en**.
die Hose	Welch**e**? Dies**e**.	Welch**e**? Dies**e**.
das Hemd	Welch**es**? Dies**es**.	Welch**es**? Dies**es**.
die Schuhe	Welch**e**? Dies**e**.	Welch**e**? Dies**e**.

Personalpronomen im Dativ

Personalpronomen im Nominativ	Personalpronomen im Dativ
ich	mir
du	dir
er/sie/es	ihm/ihr/ihm
wir	uns
ihr	euch
sie/Sie	ihnen/ Ihnen

Beispiele:
Die Hose passt **dir**.
Sie antwortet **ihm**.
Ich helfe **euch**.

5 Artikel

Die Artikel im Nominativ, Akkusativ und Dativ

Nominativ		Akkusativ		Dativ	
bestimmter Artikel	unbestimmter Artikel	bestimmter Artikel	unbestimmter Artikel	bestimmter Artikel	unbestimmter Artikel
der Tisch	**ein** Tisch	**den** Tisch	**einen** Tisch	**dem** Tisch	**einem** Tisch
die Frau	**eine** Frau	**die** Frau	**eine** Frau	**der** Frau	**einer** Frau
das Auto	**ein** Auto	**das** Auto	**ein** Auto	**dem** Auto	**einem** Auto
die Kinder	--- Kinder	**die** Kinder	--- Kinder	**den** Kindern	--- Kinder**n**

Possessivartikel im Nominativ

Possessivartikel funktionieren wie die unbestimmten Artikel: *ein/mein, eine/meine ...*

Personalpronomen	Possessivartikel	
ich	mein	meine
du	dein	deine
er/es	sein	seine
sie	ihr	ihre
wir	unser	unsere
ihr	euer	eure
sie/Sie	ihr/Ihr	ihre/Ihre

der Vater	Das ist **sein** Vater.
die Mutter	Hier ist **seine** Mutter.
das Buch	Das ist **sein** Buch.
die Geschwister	Das sind **seine** Geschwister.

Lektion 7

Mit Bus und Bahn

Sie nimmt immer den Bus in die Stadt.

Wir nehmen meistens die Straßenbahn.

Mit der U-Bahn muss er drei Mal umsteigen.

Zu Fuß brauche ich 15 Minuten zum Bahnhof.

Möchtest du morgen das Auto nehmen?

Mit dem Auto brauchen wir einen Parkplatz.

Ich fahre gerne mit dem Fahrrad.

Mit dem Bus brauche ich zu lange.

Ich fahre mit dem Taxi zum Arzt.

Er fliegt selten mit dem Flugzeug.

Du musst eine Einzelfahrkarte kaufen.

Was kostet eine Tageskarte?

Für drei Stationen brauchst du nur eine Kurzstrecken-Karte.

Fahrpläne und Durchsagen

Sie geht zum Informationsschalter.

Wann fährt der Bus?

Wann bist du an der Haltestelle?

Die U-Bahn fährt um ... Uhr ab.

Der Bus kommt heute später.

Der ICE fährt heute von Gleis ...

Die Regionalbahn kommt heute nicht.

Die Linie ... hält am Bahnhof.

Die Stadtbibliothek liegt neben der Apotheke.

Wo sind die Personen?

Ich bin in der Stadt.

Wir sind im Restaurant.

Sie ist im Supermarkt.

Er ist bei der Ärztin.

Ich bin in der Apotheke.

Sie sind in der Schule.

Wohin gehen Sie?

Ich gehe in die Stadt.

Wir gehen ins Restaurant.

Sie fährt in den Supermarkt.

Er geht zur Ärztin.

Ich fahre zur Apotheke.

Sie gehen in die Schule.

Den Weg erklären

Entschuldigung, ...
... wie komme ich zur Bushaltestelle?
... wie weit ist es bis zum Bahnhof?
... wo ist das Jobcenter?
... wo ist hier die nächste Apotheke?

Die Apotheke ist ganz nah, gehen Sie zum Marktplatz.

Die Schule finden Sie hinter der Kreuzung.

Die Bank ist rechts in der Hauptstraße.

Die Bushaltestelle ist vor der Kirche.

Der Supermarkt liegt zwischen Post und Bank.

Das Schwimmbad ist gegenüber der Schule.

Die Schule ist neben dem Marktplatz.

Fahren Sie bis zum Marktplatz.

Gehen Sie an der Ampel links.

Nehmen Sie die zweite Straße rechts.

Sie müssen hier geradeaus bis zur nächsten Kreuzung fahren.

Lektion 8

Was arbeiten Sie?

Was machen Sie beruflich?

Was sind Sie von Beruf?

Ich bin ...

Sie arbeitet als ...

Er lernt noch und ...
... macht eine Ausbildung als ...
... studiert ... an der Universität.

Sie hat im Moment keine Arbeit.

Berufe und Tätigkeiten

Er ist Krankenpfleger und pflegt kranke Menschen.

Die Bürokauffrau telefoniert mit Kunden.

Sie ist Bäckerin und bäckt Brot und Brötchen.

Ich arbeite als Aushilfe in einem Supermarkt.

Sie ist Technikerin und arbeitet am Computer.

Sie serviert das Essen im Restaurant.

Er arbeitet in einer Werkstatt und repariert Autos.

Die Kursleiterin unterrichtet und korrigiert die Hausaufgaben.

Was machen Sie gern?

Ich mache meine Arbeit (nicht) gern.

Ihre Arbeit ist ...
... interessant.
... langweilig.

Du hast auch viel Stress.

Ich arbeite gern mit Menschen zusammen.

In der Mittagspause essen wir zusammen in der Kantine.

Arbeitszeiten

Er arbeitet von ... bis ... Uhr.

Mein Arbeitstag beginnt um ... Uhr.

Ich habe oft Nachtdienst.

Am Wochenende haben sie frei.

Ich möchte (nicht) am Wochenende arbeiten.

Ich arbeite lieber vormittags/nachmittags.

Können und müssen

Ich kann ...
... schon gut Deutsch.
... gut ... sprechen.
... gut organisieren.
... zeichnen.
... kochen.

In meiner Arbeit muss ich (oft) ...
... E-Mails schreiben und telefonieren.
... früh aufstehen.
... Auto fahren.

Arbeit gesucht

Ich suche eine Arbeit als ...

Ich bin ...
... freundlich.
... flexibel.
... kreativ.
... pünktlich.

Sie hat einen Führerschein.

Wann können Sie anfangen?

Lektion 9

Schmerzen und Beschwerden

Sein/Seine ... tut weh.

Ihre ... tun weh.

Ich habe ...
...schmerzen.
... Husten.
... Fieber.
... eine Erkältung.

Terminvereinbarung beim Arzt

Er hat Schmerzen und braucht einen Termin.

Sie telefoniert mit der Sprechstundenhilfe.

Er hat einen Termin um ... Uhr.

Kommen Sie in die Notfallsprechstunde um ... Uhr.

Geht das nicht früher?

Der Arzt hat heute keine Sprechstunde.

Sie muss leider ihren Termin absagen.

Er hat seine Gesundheitskarte dabei.

Kommen sie zur Vorsorge oder zur Untersuchung?

Sie wartet im Wartezimmer.

Er geht direkt ins Sprechzimmer.

An der Rezeption bekommt er sein Rezept/ eine Krankmeldung.

Untersuchung und Behandlung

Er spricht mit dem Arzt.

Atmen Sie ganz ruhig und regelmäßig.

Sie soll viel Tee und Wasser/keinen Kaffee trinken.

Er bleibt im Bett und schläft viel.

Sie müssen den Verband/das Pflaster täglich wechseln.

Nehmen Sie ...mal am Tag den Hustensaft/die Tropfen.

Er nimmt die Tablette immer vor/nach dem Essen.

Sie streicht die Salbe auf das Knie.

Er geht mit seinem Rezept in die Apotheke und kauft seine Medikamente.

Du musst noch ... Tage im Krankenhaus bleiben.

Ärzte

Bei seinem Hausarzt bekommt er ein Rezept gegen die Schmerzen.

Er hat Zahnschmerzen und geht zum Zahnarzt.

Ich habe starke Ohrenschmerzen und rufe beim HNO-Arzt an.

Sie hat Rückenschmerzen und will in die Notfallsprechstunde beim Orthopäden gehen.

Er geht mit seiner Tochter zum Kinderarzt.

Sie ist schwanger und braucht einen Termin beim Frauenarzt.

Krankmeldung

Sehr geehrte Frau/sehr geehrter Herr ...,

Ich kann leider nicht kommen, ich bin krank.

Die Krankmeldung finden Sie anbei.

Er schickt die Krankmeldung per Post.

Mit freundlichen Grüßen

Sie sagt Frau/Herrn ... Bescheid.

Lektion 10

Was hast du gemacht?

Wir haben gestern schon den Koffer gepackt.

Er hat vorgestern das Fahrrad repariert.

Wir haben heute bis zehn geschlafen.

Ich habe letzten Monat viel gearbeitet.

Du hast letzte Woche einen Computer gekauft.

Letztes Jahr haben wir im Urlaub Spanisch gelernt.

Früher habe ich viel fotografiert.

Sie hat schon die Hausaufgaben gemacht.

Am Wochenende haben wir lange telefoniert.

Am Montag hat sie eine E-Mail geschrieben.

Im Urlaub

Wir sind in den Urlaub gefahren.

Im Urlaub waren wir ...
... am Meer.
... in den Bergen.

Das Hotel war direkt am Strand.

Sie sind jeden Tag spazieren gegangen.

Sie ist zum Strand gegangen.

Er ist mit dem Fahrrad gefahren.

Ihr Freund ist zu Besuch gekommen.

Wir haben eine Rundfahrt mit dem Schiff gemacht.

Lebensstationen

Sein Freund ist auf der Insel geboren.

Sie ist in Hamburg aufgewachsen.

Er hat lange in Madrid gelebt.

Ich bin in München zur Schule gegangen.

Wir haben zusammen in Dresden studiert.

Ich bin letztes Jahr hier nach Berlin gekommen.

Früher habe ich oft hier Urlaub gemacht.

Ich hatte keine Zeit

Ich hatte keine Zeit am Wochenende, meine Familie war da.

Er war letzte Woche nicht im Büro, er hatte frei.

Seine Tochter war nicht in der Schule, sie war krank.

Sie war gestern Abend nicht im Kino, sie hatte Nachtdienst.

Wie war dein Tag?

Mein Tag war ...
... super.
... (ganz) gut.
... nicht so gut.
... stressig.
... langweilig.

Sie war heute ...
... zu Hause.
... im Kino.
... im Park.
... im Deutschkurs.

Er hatte viel zu tun.

Wir hatten frei.

Sie hatte viel Spaß in Berlin.

Ich hatte Stress im Büro.

Er hat gerade viel Arbeit.

Lektion 11

Kleidung

Sie weiß nicht, was sie anziehen soll.

Die Jacke ist sehr bequem.

Wie findest du den Pullover?

Die Hose findet sie sehr schön.

Vielleicht ziehe ich die Jeans und das T-Shirt zu der Party an.

Dieser Anzug ist perfekt!

Ich finde den Rock blöd, die Farbe ist nicht schön.

Die Schuhe waren teuer, aber sie findet sie furchtbar.

Die Bluse ist klasse.

Sie findet sein Hemd ein bisschen langweilig.

Er findet den Mantel günstig.

Sie braucht einen Schal und eine Mütze.

Er möchte noch Socken kaufen.

Was trägst du?

Bei der Arbeit trägt er immer ein Hemd.

Seine Anzüge sind meistens blau oder grau.

Im Winter findet sie Hosen oft bequem.

Ich trage im Sommer manchmal Röcke.

In der Freizeit hat er selten ein Hemd an.

Kleidung in Rosa gefällt ihr nie.

Beim Sport trägt er am liebsten einen Jogginganzug.

Kleidung anprobieren

Kann ich Ihnen helfen?

Welche Größe haben Sie?

Er probiert die Jeans an.

Dieser Pullover in Blau gefällt mir sehr gut.

Die Bluse in Grün passt sehr gut zu dieser Hose.

Passen Ihnen die Schuhe?

Diese Schuhe sind leider zu klein/zu groß.

Die Jacke ist zu eng/zu weit. Haben Sie sie auch in Größe ...?

Diese Farbe steht mir nicht.

Gibt es den Mantel auch in einer anderen Farbe?

Wir haben noch ein anderes Modell in Rot.

Vergleiche

Diese Hose finde ich am schönsten, aber sie ist auch am teuersten.

Ich mag T-Shirts lieber als Blusen.

Sie trägt gern Röcke in Blau oder Grün.

Die Hose und der Pullover sind bequemer als der Anzug.

Die Sportschuhe kosten mehr als die Schuhe.

Der Jogginganzug ist günstiger als die Hose.

Welches Hemd findest du besser?

Etwas umtauschen

Entschuldigung, ich möchte bitte dieses Kleid umtauschen.

Mit dieser Hose ist etwas nicht in Ordnung. Sie ist kaputt.

Er hat noch den Kassenbon.

Ich nehme gern einen anderen Anzug.

Sie möchte lieber das Geld zurück.

Lektion 12

Wie ist das Wetter?

Morgen ist das Wetter in Kiel trocken, aber windig.

In Ostdeutschland regnet es und es ist kalt.

In Norden ist es den ganzen Tag sonnig und es bleibt sehr heiß.

Im Süden schneit es bei minus 10 Grad.

In Westen von Deutschland ist es bewölkt.

Die Jahreszeiten

Im Frühling ist es schon oft warm und wir können im Garten arbeiten.

Der Sommer in Deutschland ist meistens schön und wir schwimmen im See.

Der Herbst im Norden ist windig und neblig.

In den Alpen schneit es im Winter und wir können Ski fahren.

Welche Jahreszeit mögen Sie am liebsten?

Feste feiern

Weihnachten feiert man in Deutschland am 24. Dezember.

An Ostern suchen die Kinder Ostereier.

Zur Hochzeitsfeier am 25. Mai haben sie eine Einladung an alle Freunde geschickt.

An seinem Geburtstag im April feiert er ein Fest.

Im August machen sie eine Grillparty im Garten.

Haben Sie schon ein Geschenk?

Sie schenken ihm einen Schal.

Jahre, Monate, Wochen und Tage

Welcher Tag ist heute?

Heute ist der ...

Die Monate haben 30 oder 31 Tage.

Der Februar hat 28 Tage, nur alle vier Jahre hat er 29 Tage.

Ein Jahr hat zwölf Monate oder 52 Wochen.

Das Jahr hat 365 Tage und manchmal einen Tag mehr.

Die Woche hat sieben Tage.

Jedes Land hat einen Nationalfeiertag.

Einladung

Liebe/Lieber ..., ich mache eine Party am ...

Kommst du auch?

Kannst du kommen?

Hast du Zeit?

Die Party ist ...
... bei mir zu Hause.
... in meinem Garten.
... im Restaurant ...

Bringen Sie jemanden mit?

Vielen Dank für die Einladung.

Ich habe Zeit und komme gern.

Ich kann leider nicht kommen.

Wir wollen Fleisch und Würstchen grillen.

Er kann eine Pizza backen.

Ich bringe einen Kuchen mit.

Sie möchte einen Salat machen.

Jeder bringt seine Getränke mit.

Ich kaufe Saft und Wasser für alle ein.

Wir können Kaffee und Tee kochen.

Möchtest du eine Spezialität mitbringen?

Bildquellen
Cover: NAMPIX/stock.adobe.com; **U2:** ii-graphics/stock.adobe.com; **S. 4–6** Jan Kocovski/telc gGmbH; **S. 7** großes Foto: Jan Kocovski/telc gGmbH; untere Reihe: Antonioguillem/fotolia.com; Westend61/fotolia.com; Nagel's Blickwinkel/fotolia.com; **S. 8–9** Jan Kocovski/telc gGmbH; **S. 11** Jan Kocovski/telc gGmbH; Minerva Studio/fotolia.com; Kadmy/fotolia.com; Joshua Resnick/fotolia.com; Westend61/ fotolia.com; **S. 15** großes Foto: Jan Kocovski/telc gGmbH; untere Reihe: Syda Productions/fotolia.com; pressmaster/fotolia.com; Industrieblick/fotolia.com; **S. 16** Federico Rostagno/fotolia.com; Syda Productions/fotolia.com; Minerva Studio/fotolia.com; TristanBM/fotolia.com; **S. 18** Minerva Studio/fotolia.com; WavebreakmediaMicro/fotolia.com; **S. 19** Jan Kocovski/telc gGmbH; **S. 20** (1) Karin & Uwe Annas/fotolia.com; (2 + 4) ajr_images/fotolia.com; (3) Jan Kocovski/telc gGmbH; **S. 23** großes Foto: Jan Kocovski/telc gGmbH; untere Reihe: F1online/ imageBroker/ Simon Katzer; Roman Pyshchyk/fotolia.com; Silke Deidl/MEV Verlag GmbH; **S. 24** oben: Matelly, Cultura/ f1online; untere Reihe: pathdoc/ fotolia.com; Picture Factory/fotolia.com; absolutimages/fotolia.com; Janina Dierks/fotolia.com; **S. 25** Chris Müller/MEV Verlag GmbH; Christian Albert/MEV Verlag GmbH; Klaus Eppele/fotolia.com; Aleksej/stock.adobe.com; Africa Studio/stock.adobe.com; **S. 26** (1) Kurt Kleemann/fotolia.com; (2) Alexander Raths/fotolia.com; (3) Elena Kharichkina/fotolia.com; (4) Klaus Eppele/fotolia.com; (5) ISO K° – photography/fotolia.com; (6) Jan Kocovski/telc gGmbH; (7) Photographee.eu/fotolia.com; (8) Holger Luck/fotolia.com; (9) by-studio/fotolia.com; Mitte: Jan Kocovski/telc gGmbH; unten: photophonie/fotolia.com; **S. 27** (1) MEV Verlag GmbH; (2) Murushki/fotolia.com; (3) picsfive/ fotolia.com; (4) motorolka/fotolia.com; (5) Markus Mainka/fotolia.com; (6) zole4/fotolia.com; **S. 28** Kzenon/fotolia.com; **S. 31** großes Foto: Jan Kocovski/telc gGmbH; untere Reihe: Giuseppe Porzani/fotolia.com; Pixel Power/fotolia.com; Kzenon/fotolia.com; **S. 32** Kocovski/telc gGmbH; lesniewski/fotolia.com; **S. 34** mbefoto/fotolia.com; **S. 35** Ivonne Wierink/fotolia.com; Jenny Sturm/fotolia.com; **S. 36** (1) mRGB/ fotolia.com; (2) Marco2811/fotolia.com; (3) Visions-AD/fotolia.com; **S. 37** Kzenon/fotolia.com; **S. 39** großes Foto: Jan Kocovski/telc gGmbH; untere Reihe: Ekaterina Pokrovsky/fotolia.com; adisa/fotolia.com; laguna35/fotolia.com; **S. 41** (1) Halfpoint/fotolia.com; (2) Edler von Rabenstein/fotolia.com; (3) elnariz/fotolia.com; (4) georgerudy/fotolia.com; (5) Volker Witt/fotolia.com; **S. 42** Jan Kocovski/telc gGmbH; Kzenon/fotolia.com; **S. 43** Jan Kocovski/telc gGmbH; **S. 45** grafikplusfoto/fotolia.com; Khvost/fotolia.com; the_lightwriter/fotolia.com; **S. 47** großes Foto: Jan Kocovski/telc gGmbH; untere Reihe: Fiedels/fotolia.com; Robert Kneschke/fotolia.com; jfunk/fotolia.com; **S. 48** rea_molko/ fotolia.com; iconshow/fotolia.com; **S. 49** WavebreakmediaMicro/fotolia.com; Gorilla/fotolia.com; **S. 50** (1) Jan Engel/fotolia.com; (2) A. Dudy/ fotolia.com; (3) christine krahl/fotolia.com; (4) Jan Engel/fotolia.com; **S. 51** Ekaterina Garyuk/fotolia.com; **S. 52** M.studio/fotolia.com; Krawczyk-Foto/fotolia.com; julien tromeur/fotolia.com; **S. 53** Jan Kocovski/telc gGmbH; **S. 61** (1) Christian Müller/fotolia.com; (2) djama/ fotolia.com; (3) Pohl Michael/MEV Verlag GmbH; (4) ArTo/fotolia.com; (5) matteo avanzi/fotolia.com; (6) Björn Wylezich/fotolia.com; (7) Jan Schuler/fotolia.com; (8) chettythomas/fotolia.com; (9) Punto Studio Foto/fotolia.com; **S. 64** oben: Jsign/fotolia.com; unten: (1+2) Jens Schmidt/MEV Verlag GmbH; (3+4)(5+6) Witschel Mike/MEV Verlag GmbH; **S. 65** (1) Karl Holzhauser/MEV Verlag GmbH; (2) Witschel Mike/MEV Verlag GmbH; (3) Sven Lüders/MEV Verlag GmbH; (4) Eckart Seidl/MEV Verlag GmbH; **S. 101** pakkad/fotolia.com; **S. 102** sunt/fotolia.com; **S. 111** obelicks/fotolia.com; **S. 113** Nicholson Graeme/MEV Verlag GmbH; **U3:** Vectonauto/vecteezy.com; pyty/stock.adobe.com; **U4:** BillionPhotos/stock.adobe.com; piyaset/stock.adobe.com; M+Isolation+Photo/stock.adobe.com; Prostock-studio/stock.adobe.com; fizkes/stock.adobe.com

Aus dem telc Verlagsprogramm

ZUSATZMATERIAL ZU *EINFACH GUT!*

INTENSIVTRAINING

A1 BIS B1, je 6,50 €

A1.1 978-3-946447-26-9

A1.2 978-3-946447-27-6

A2.1 978-3-946447-29-0

A2.2 978-3-946447-30-6

B1.1 978-3-946447-31-3

B1.2 978-3-946447-32-0

GRAMMATIKTRAINING

DEUTSCH FÜR A1 – B1

978-3-946447-19-1
17,50 €

Nur bei telc: Kursbuch + Arbeitsbuch + Übungstest in einem!
Unter **www.telc.net/shop** können alle Lehrwerke bestellt werden.
Weitere Informationen zum telc Gesamtprogramm aus Lehrmaterialien, Prüfungen und Weiterbildungen: **www.telc.net/verlagsprogramm**
Gern beraten wir Sie: **aussendienst@telc.net**

ANZ_1002